Ursula Summ

Trennkost
leicht & lecker

Schnelle Abnehmrezepte in 20 Minuten

TRIAS

Inhalt

Vorwort

Liebe Leserinnen, liebe Leser!

Wie im Titel bereits angekündigt, biete ich Ihnen in diesem Buch einen großen Schatz an pfiffigen Rezepten, die Sie in ganz kurzer Zeit leicht und lecker zubereiten können – auch wenn Kochen nicht zu Ihren größten Leidenschaften zählt. Sie werden außerdem erfahren, wie Trennkost wirkt und wie Sie mit einfachen Mitteln Gewicht verlieren, neue Energie für den Alltag tanken und die Anfälligkeit für viele Krankheiten lindern können.

Falls Sie schon Bücher von mir gelesen haben, freue ich mich natürlich sehr, dass Sie wieder dabei sind, und bedanke mich gleichzeitig für Ihr Vertrauen und Ihre hilfreiche Unterstützung. Denn seit über 30 Jahren habe ich einen großen Teil meiner Zeit damit verbracht, die heilende Wirkung der Trennkost einer breiten Öffentlichkeit vorzustellen – mit sehr viel positiver Resonanz. Täglich bekomme ich viele E-Mails und Briefe von Menschen, die mir immer wieder für meine Arbeit danken – und dafür, dass ich trotz des Erfolges so »normal« geblieben bin.

Auch als neue Leser möchte ich Sie herzlich begrüßen und Ihnen gleichzeitig versichern, dass Ihnen die Trennkost nicht nur beim Abnehmen helfen, sondern auch mehr Gesundheit, Energie und Wohlbefinden schenken wird, ohne dass Sie dabei hungern müssen. Probieren Sie es einfach aus!

Trennkost – für mich ein Lebenswerk

Als ich vor vielen Jahren die Haysche Trennkost für mich selbst entdeckte, war ich schwer diätgeschädigt. Nach zahlreichen erfolglosen Schlankheitskuren setzte ich nun als letzten Versuch auf diese Kost. Und das Wunder geschah: Ohne großen Aufwand verlor ich innerhalb eines Jahres 30 Pfund an Gewicht. Gleichzeitig sank mein erhöhter Harnsäurespiegel, meine Bauchspeicheldrüse beruhigte sich und die offene Hautallergie an den Händen und im Gesicht heilte endlich ab. Mir wurde klar, welchen Schatz ich in meinen Händen trug.

Mit meinen Erfahrungen ging ich an die Öffentlichkeit, gründete Trennkost-Seminare, schrieb zahlreiche Bücher, trat im Rundfunk und Fernsehen auf und machte so die Trennkost einem großen Publikum bekannt.

Es ist mir immer wieder eine große Freude, Menschen zu treffen, deren Leben sich durch Trennkost verbessert hat.

In diesem Sinne wünsche ich Ihnen, dass die Trennkost auch für Sie zum Erlebnis wird. Viel Spaß bei der Zubereitung der Gerichte!

Herzlichst,
Ihre Ursula Summ

Trennkost

(fast) ohne Kochen

So funktioniert's

Trennkost – Power für Körper und Geist

Genuss ohne Reue: Trennkostgerichte schmecken nicht nur köstlich, sondern sorgen auch für jede Menge neuer Energie. Denn durch die einzigartige Nahrungsmittelkombination werden Ihrem Körper alle lebensnotwendigen Nähr- und Wirkstoffe zugeführt, gleichzeitig bleibt der Säure-Basen-Haushalt ausgeglichen, und die »Verdauungschemie« stimmt.

Schlank und fit – ohne zu hungern!

Die nach den Regeln der Trennkost harmonisch zusammengestellten Mahlzeiten sind verdauungsfördernd und lassen dadurch weniger Gifte im Darm entstehen. Sie brauchen also keine Unverträglichkeit von Speisen mehr zu befürchten. Im Gegenteil! Trennkost mobilisiert den Stoffwechsel und entgiftet zusätzlich ganz sanft die Körperzellen. Auch die Bauchspeicheldrüse wird entlastet. Sie muss jetzt weniger Insulin herstellen, um den Blutzuckerspiegel zu stabilisieren – so werden Heißhungerattacken vermie-

den. Diese Veränderungen spüren Sie sehr schnell: Sie zeigen sich in mehr Gesundheit, neuer Lebensenergie, guter Konzentrationsfähigkeit und natürlich auch in einer Gewichtsabnahme.

Das Prinzip des Trennens

Der Begründer der Trennkost, Dr. Howard Hay (1866–1940), trennte die sehr eiweißreichen Nahrungsmittel von den kohlenhydratreichen und teilte sie zudem in basenbildende und säurebildende auf. Gleichzeitig empfahl er vollwertige Ernährung. Der Grundgedanke dabei war, durch die Trennung der Nahrungsmittel innerhalb einer Mahlzeit »Ordnung« in das Verdauungssystem zu bringen. Dabei strebte Dr. Hay keine hundertprozentige Trennung an, sondern nur eine Trennung der Extreme. Was aber bewirkt die getrennte Nahrungsaufnahme? Alle Speisen, die wir essen, werden auf unterschiedliche Art verdaut. Ein Stück Fleisch, Fisch oder auch verschiedene Früchte brauchen zur Aufspaltung saure Verdauungssäfte, während kohlenhydratreiche Lebensmittel wie Kartoffeln, Reis, Nudeln und Getreide basische Verdauungssäfte zur Zersetzung der Nahrung benötigen. Isst man innerhalb einer Mahlzeit Eiweiße und Kohlenhydrate in größeren Mengen zusammen, kann es neben Sodbrennen und Störungen im Magen-Darm-Bereich auch zu einer stark ansteigenden Insulin-kurve kommen (siehe Kasten).

Hilft bei der Zusammenstellung der Mahlzeiten: der Kombiplan

Dr. Hay erweiterte den Speiseplan, indem er zusätzlich leicht verdauliche Speisen in seinen Plan mit einbaute und diese »neu-trale Nahrungsmittel« bzw. »Kombis« nannte. Da diese Speisen weder die Eiweiß- noch die Kohlenhydratverdau-ung stören, können sie mit eiweißreicher wie auch mit kohlenhydratreicher Nah-rung zusammen verzehrt werden.

Es ist also ratsam, nur solche Nahrungs-mittel innerhalb einer Mahlzeit mitein-ander zu kombinieren, die zusammen gut verträglich sind. Schauen Sie sich den Kombiplan (siehe Seiten 14 bis 17) genau an. Anhand der farbigen Auflistung kön-nen Sie auf einen Blick erkennen, welche Nahrungsmittel zu den Eiweißen (im Folgenden immer blau markiert) und welche zu den Kohlenhydraten (orange markiert) gehören. Lebensmittel der neu-tralen Kombigruppe sind grün markiert. Auch im anschließenden Rezeptteil sind Ihnen die farbigen Markierungen bei der Zuordnung der Mahlzeiten behilflich.

Fettproduzent Insulin – eine Ursache für Übergewicht

Dass ein niedriger Insulinspiegel nicht nur zum Abnehmen, sondern grund-sätzlich für die Gesundheit nützlich ist, haben zwei australische Forsche-rinnen wissenschaftlich belegt.
Sie entdeckten auf der Suche nach der Ursache für das weltweit grassierende Übergewicht, dass die Bauchspeichel-drüse bei verschiedenen gemischten Speisen mit einer stark ansteigenden Insulinkurve antwortete. So leiden viele übergewichtige Menschen dar-an, dass ihre Bauchspeicheldrüse auf-grund falscher Ernährung zu viel Insu-lin produziert.
Insulin bewirkt eine rasche Senkung des Blutzuckerspiegels, nimmt – ver-einfacht gesagt – die Zuckerstoffe aus dem Blut, bildet daraus Fettsäuren und lagert diese dann in die Fettzellen ein. Die Konsequenz der raschen Blut-zuckersenkung ist, dass das Blut, die Nerven und das Gehirn unter einer Glukose-Unterversorgung leiden und nun unerbittlich das Signal »Hunger« senden. Ein Teufelskreis beginnt.

Übergewicht – was kann man dagegen tun?

Übergewicht beruht auf einem langen Entwicklungsprozess. Die erste maßgebliche Rolle spielen die Gene, später entscheiden zusätzliche Faktoren über die Entwicklung der Fettreserven. So können z.B. im Kindesalter häufige seelische Verletzungen zu einem starken Verlangen nach Süßigkeiten führen. Süß schmeckt nach Geborgenheit und Entspannung. Die durch übermäßigen Süßigkeitenverzehr angesammelten Pfunde übernehmen dann die Funktion eines Schutzpanzers und des vielzitierten »dicken Fells«.

Auch geht vielen Betroffenen das Maß für die Menge, die sie essen, verloren. Mit schuld sind hier die von der Industrie eingesetzten geschmacksverstärkenden Zusatzstoffe und große Salzmengen, die den Appetit übermäßig anregen. Übergewicht kann aber auch aus einem falsch funktionierenden Stoffwechsel, einer Überforderung der Organe und durch übermäßige Insulinproduktion entstehen.

Ganzheitlich fit – mit Trennkost zur Wunschfigur

Wenn Sie entspannt und dauerhaft abnehmen möchten, sollten Sie sich nach den Regeln der Trennkost ernähren und folgende Ratschläge beherzigen:

- Stimmen Sie Ihre Mahlzeiten harmonisch nach dem Trennkost-Prinzip aufeinander ab.
- Essen Sie möglichst viel Salat, Gemüse und Obst. Diese Lebensmittel enthalten viel Wasser und bieten aufgrund ihrs hohen Kaliumgehalts die ideale Voraussetzung, um abzunehmen und zu entschlacken.
- Überprüfen Sie die Qualität der täglichen Nahrung. Besteht diese häufig aus Käse, Wurst, Hamburgern, Fertiggerichten, Kuchen oder Schokoriegeln, sollten Sie deren Konsum möglichst einschränken.
- Trinken Sie ausreichend! Zwei Liter Flüssigkeit täglich wären ideal.
- Auch sportliche Betätigung kurbelt die Fettverbrennung an. Gezielte Bewegung strafft die Figur, baut den Muskelapparat wieder auf und bringt Herz und Kreislauf in Schwung. Ob Nordic Walking, Pilates, Wandern, Radfahren oder Schwimmen – suchen Sie sich Ihre persönliche Sportart aus, die Ihnen Spaß macht!
- Essen Sie langsam und in Ruhe. Nehmen Sie nur kleine Bissen zu sich, kauen Sie diese gut und spülen Sie sie nicht mit Getränken »hinunter«.
- Nehmen Sie langsam, aber stetig ab. Etwa 300 g bis 500 g pro Woche sind ausreichend. Sie werden überrascht sein, dass ohne Abnehmstress alles plötzlich viel einfacher geht.

Von Säuren und Basen

Neben der Trennung der einzelnen Nahrungsmittel ist auch ein Säure-Basen-Gleichgewicht wichtig für eine ausgewogene Ernährung, denn eine Übersäuerung der Körperzellen macht auf lange Sicht den Körper krank. Anzeichen einer Übersäuerung können Müdigkeit, Übelkeit, ein Nachlassen der Konzentration, Kopfschmerzen, Muskelverspannungen oder Kreislaufstörungen sein. Auch bei Erkrankungen wie Gicht, Arthrose, Herzinfarkt, Schlaganfall und Krebs spielt die Gewebsübersäuerung eine Rolle.

Wie kommen die Säuren in den Körper?

Für die täglich benötigten Energien braucht unser Körper den geeigneten Brennstoff. Dieser wird ihm in Form von Eiweißen, Kohlenhydraten und Fetten geliefert. Diese Stoffe hinterlassen im Körper nach der Aufspaltung und Verbrennung saure Abfallstoffe wie etwa Harn- und Milchsäure, Kohlensäure oder sogenannte Transfettsäuren. Zu weiteren Säurebildnern zählen Kaffee, schwarzer Tee, Kakao, Alkohol, Nikotin und teilweise auch Medikamente, ebenso psychischer Stress. Der Körper verfügt zwar über Fähigkeiten der Entgiftung, doch eine ständige Flut saurer Abfallstoffe kann auch ein gesunder Organismus auf Dauer nicht verkraften, und es kann zu den genannten Zivilisationskrankheiten kommen.

Der Übersäuerungsprozess kann durch eine vernünftige Ernährung verhindert werden. Basen verfügen über eine ausgleichende Wirkung. Vitamine, Mineralstoffe, Enzyme und Spurenelemente, die sich vor allem in Gemüse, Salat, Obst und Keimlingen befinden, sind solche basischen Stoffe, die den Überschuss an Säuren neutralisieren.

Unser Körper verfügt aber auch über eigene Basen-Reserven. Sie sind die Bestandteile unserer Knochen, Knorpel, Gelenke, Sehnen und Bänder. Werden dem Körper nicht genügend basische Stoffe zugeführt, holt er sie sich während des Verdauungsprozesses aus den körpereigenen Depots. Dabei entmineralisiert er ganz langsam, Muskulatur und Knorpel werden abgebaut, und die Knochen entkalken.

Die einfache Faustregel:

Essen Sie zu einer Eiweiß- bzw. Kohlenhydratmahlzeit drei- bis viermal so viel Gemüse, Salat und/oder Rohkost, und beugen Sie so einer Gewebsübersäuerung vor.

Schnelle Küche – leicht gemacht

Ob gekocht oder gebraten, warm oder kalt – für viele Menschen ist die schnelle Zubereitung der Mahlzeiten das Wichtigste. Oft verhindert der volle Terminkalender, dass frisch zubereitete Speisen auf den Tisch kommen – selbst wenn der Wunsch nach gesunder Kost da ist. Was tun? Es gibt eine Fülle von Möglichkeiten, wie Sie leckere Trennkostgerichte ohne Aufwand zubereiten können.

So einfach geht's – praktische Tipps für den Alltag

1. Mit einer guten Planung und sinnvollen Küchenhelfern wie einem Pürierstab, scharfen Messern, Töpfen mit hitzespeichernden Böden oder einer Wokpfanne sparen Sie Zeit und vereinfachen sich das Kochen.
2. Eine weitere Hilfe bei Zeitknappheit bietet Tiefkühlkost. Hier gibt es fast alle Gemüsesorten, von Blumenkohl über Rotkohl bis hin zu Zucchini, fertig geputzt und zerkleinert. Ebenso finden Sie im Handel eine Auswahl verschiedener Kräuter, Suppengrün, Knoblauch und Zwiebeln fürs Gefrierfach – verpackt in kleinen Päckchen und darum gut zu dosieren. Tiefkühlprodukte kommen von der Wertigkeit der Nährstoffe her gleich hinter frischem Gemüse vom Bauern.
3. Auch gesunde Halbfertigprodukte wie z. B. Sauerkraut oder Tomaten aus der Dose sind zeitsparende Küchenhelfer, auf die Sie immer wieder zurückgreifen können.
4. Eine der zeitsparenden Devisen heißt: »Aus eins mach zwei.« Kochen Sie zum Beispiel Kartoffeln, Reis oder Nudeln immer gleich in doppelter Menge. So können Sie einmal Pellkartoffeln mit Lachscreme essen und am nächsten Tag die restlichen Kartoffeln für Kartoffelsalat verwenden. Frisch gekochte Pasta können Sie mit Pesto reichen und aus den restlichen Nudeln einen Nudelsalat herstellen. Fleisch, in feine Streifen geschnitten, bietet neben der warmen Mahlzeit auch eine Grundlage für pikante Salate. Gemüsereste lassen sich z. B. fein püriert zu cremigen Suppen verarbeiten.
5. Ein gesundes Trennkostgericht hängt nicht unbedingt von der Vielzahl an Zutaten ab. Wenn Sie qualitativ hochwertige Ware verwenden, können Sie auch mit wenigen Zutaten in kurzer Zeit ein köstliches Gericht zaubern.

Trennkost für Selbstversorger am Arbeitsplatz

Auch am Arbeitsplatz können Sie sich ohne großen Aufwand trennkostgerecht ernähren – so vermeiden Sie das berühmte Leistungstief nach dem Mittagessen. Sie werden schnell merken, dass Sie dank Trennkost auch in der zweiten Tageshälfte noch viel Energie und gute Laune haben.
Wichtig dabei ist lediglich eine gute Vorausplanung. Als »Selbstversorger« bereiten Sie am Vorabend Ihre Mahlzeit in doppelter Menge zu und nehmen den Rest am nächsten Tag, gekühlt und gut verschlossen, mit an den Arbeitsplatz.

Trennkostgerechte Ernährung am Arbeitsplatz könnte folgendermaßen aussehen:
Zwischenmahlzeit vormittags: Am späten Vormittag können Sie einen Snack in Form von Obst, Rohkost oder einem Milchprodukt zu sich nehmen.
Mittagessen: Hier kommt Ihr Mitgebrachtes zum Einsatz: Kalte Gerichte wie belegte Brote oder Geflügel-, Nudel- oder Reissalat lassen sich am einfachsten transportieren. Auch hart gekochte Eier, Frikadellen, kalter Braten, Geflügelwurst, Käse oder ein Stück Fisch eignen sich gut zum Mitnehmen. Zusätzlich wertet knackige Rohkost aus Paprika, Gurken, Tomaten, Sprossen oder Ähnlichem Ihre

Mahlzeit optimal auf. Suppen oder Eintöpfe sollten Sie morgens kurz erhitzen und zum Mitnehmen in einen gut verschließbaren Thermobehälter füllen.
Zwischenmahlzeit am Nachmittag: Gönnen Sie sich jetzt einen Energienachschub in Form von Früchten, eines Milchprodukts oder eines Vollkorn-Müsliriegels.
Planen Sie dann abends wieder den nächsten Tag mit ein, und bereiten Sie Ihre Mahlzeit in doppelter Menge zu. Eine Fülle von Anregungen finden Sie im Rezeptteil.

Essen in der Kantine oder im Restaurant

Wenn Sie im Restaurant oder in einer Kantine essen, sollten Sie zuerst die Entscheidung zwischen einer Eiweiß- oder Kohlenhydratmahlzeit treffen. Bevorzugen Sie eine Eiweißmahlzeit, dann nehmen Sie statt der Kartoffel-, Nudel- oder Reisbeilage einfach die doppelte Portion Gemüse oder Salat dazu. Wenn Sie Lust auf eine Kohlenhydratmahlzeit haben, verzichten Sie einfach auf Fleisch, Fisch oder Eier, und essen Sie zum Nudel- oder Kartoffelgericht auch hier die doppelte Portion Gemüse oder Salat. Bei der heutigen reichen Auswahl an vegetarischen Gerichten werden Sie vielleicht ganz neue Gaumengenüsse entdecken!

Was Sie noch wissen sollten

Säurereiches Obst, z. B. Beeren, Stein- und Kernobst oder Zitrusfrüchte, wird sauer verdaut und zählt daher zur Gruppe der Eiweiße. Aus Gründen der Verträglichkeit sollte es daher nicht mit kohlenhydratreichen Lebensmitteln zusammen gegessen werden.

Feigen-Balsamico-Essig und alter Balsamico-Essig haben aufgrund ihrer langen Lagerung ihre übermäßige Säure verloren und zeigen nun eine basische Reaktion. Sie gehören daher in die Gruppe der Neutralen.

Tomaten zählen im Rohzustand zur neutralen Kost, doch nach dem Erhitzen zum sauren Obst. Durch Erhitzen verändert sich die Substanz der Früchte, und sie schmecken sauer. Tomaten sollten Sie möglichst nicht in Aluminiumtöpfen kochen. Die Säure greift das Metall an, wodurch das Kochgut einen metallischen Geschmack annimmt.

Milch, egal welche Fettstufe, zählt zu den Eiweißen. Sie ist schwer verdaulich, da sie im Magen sofort gerinnt und einen »Klumpen« bildet.

Joghurt, Quark oder andere gesäuerte Milchprodukte sind zwar eiweißreich, dennoch neutral. Der Grund hierfür liegt im Säuerungsprozess – herbeigeführt durch Milchsäurebakterien, die die schwerverdauliche Milch praktisch vorverdauen.

Rohes Fleisch bzw. roher Fisch, wie z. B. Tatar, Matjes oder Lachs, sind zwar eiweißreich, gehören aber in die neutrale Spalte, da die Zellstruktur noch unverändert ist. Erst durch Kochen oder Erhitzen verhärtet sich die Zellhaut. Dadurch werden Fleisch und Fisch schwerer verdaulich (siehe auch Seite 41).

Tofu, Soja und Sojamilch zählten bisher zu den Eiweißen, aber nach den neuesten Erkenntnissen gehören sie in die Gruppe der Neutralen. Sie sind cholesterinfrei, voller Mineralstoffe und wirken alkalisierend. So können sie einen gestörten Säuren-Basen-Haushalt ausgleichen.

Am Abend eine Eiweiß- oder eine Kohlenhydratmahlzeit?

Dr. Hay empfahl, am Abend auf schwerverdauliche Eiweißgerichte zu verzichten, da diese zu lange im Magen und Darm verweilten. Durch Wärme und Feuchtigkeit käme es schnell zu Gärung und Fäulnisbildung, was sich negativ auf das Säuren-Basen-Gleichgewicht auswirken könne.

Neuere Abnehmmethoden hingegen empfehlen, abends auf Kohlenhydrate zu verzichten, damit über Nacht die Fettreserven angegriffen werden. Wenn Sie abnehmen möchten, ist diese Variante wegen des ausbleibenden Insulinanstiegs sicherlich sinnvoll. Entscheiden Sie selbst nach individueller Verträglichkeit.

TOP 20 – die »schnellsten« Lebensmittel

Sie möchten abnehmen, haben aber keine Zeit zum Kochen? Mit diesen Lebensmitteln zaubern Sie schnell eine leckere Mahlzeit:

1 **Apfel** – der schnelle Energiespender.

2 **Banane** – ein energiereicher Snack.

3 **Salatgurke** – einfach schälen und in Scheiben schneiden.

4 **Tomate** – waschen, den Stielansatz entfernen und das Fruchtfleisch in Spalten bzw. Scheiben schneiden.

5 **Paprika** – den Stielansatz und die weißen Kerne entfernen, das Fruchtfleisch waschen und in Streifen schneiden.

6 **Eisbergsalat** – vierteln, putzen, kurz waschen und in Streifen schneiden.

7 **Salatherzen** – halbieren und kurz waschen.

8 **Tiefgekühltes Gemüse** – fertig geputzt und zerkleinert verkürzt es die Zubereitungszeit.

9 **Sauerkraut** – kann man ohne Zubereitung roh essen oder auch gegart.

10 **Quark, Joghurt** – sind gut zu transportieren und sofort essbereit.

11 **Pellkartoffeln** – gesunde Sattmacher und vielseitig einsetzbar.

12 **Nudeln** – ob pikant, scharf oder süß – alle Varianten machen glücklich!

13 **Parboiled Reis** – kann gut auf Vorrat gekocht werden, schmeckt warm und kalt sehr gut.

14 **Brot** – beliebtestes Nahrungsmittel bei uns, vielseitig belegbar und sofort zu verzehren.

15 **Steak** – das schnell zuzubereitende und gutschmeckende Stück Fleisch.

16 **Schnitzel** – in wenigen Minuten gebraten, vielseitig ist die Saucenzubereitung.

17 **Bratwurst** – auch für unterwegs der schnelle Snack.

18 **Frikadellen** – ideal zum Mitnehmen, schmecken heiß und kalt.

19 **Fisch** – in wenigen Minuten gebraten, vielseitig in der Zubereitung.

20 **Eier** – gekocht, gebacken oder gebraten sind sie in wenigen Minuten fertig.

Kombiplan

Überwiegend eiweißhaltige Gruppe

- Eiweißhaltige Speisen nur mit den Kombis (grün) verbinden!

Gegarte Fleischsorten aller Art

Bratenfleisch, Gulasch, Rinderhackfleisch, Rouladen, Schnitzel, Steaks, Kalb, Lamm, Geflügel, Gans, Ente, Wild, Fleischfond

- Schweinefleisch bitte meiden.

Gegarte Fischsorten

Brasse, Flunder, Forelle, Heilbutt, Hering, Kabeljau, Krebs, Lachs, Langusten, Rotbarsch, Scholle, Seelachs, Seeteufel, Steckmuscheln, Thunfisch, Tintenfisch (unpaniert), Fischfond

Eier aller Art

Eier (gekocht und pochiert), Omelett, Rühreier, Spiegeleier

Milch

Alle Trinkmilchsorten, egal welche Fettstufe

Käse

Alle pasteurisierten Käsesorten wie z. B. Allgäuer Bergkäse, Bel Paese, Biarom, Bierkäse, Blue Stilton, Bonbel, Burlander, Butterkäse, Cantadou, Cantal, Cheddar, Chester, Chorherrenkäse, Danbo, Donautaler, Edamer, Esrom, Fol Epi, Fontal, Gorgonzola, Gouda, Grünländer, Harvarti, Höhlenkäse, Illertaler, Jausenkäse, Maasdamer, Mondseer, Moosbacher, Münsterkäse, Old Amsterdam, Original Sennkäse, Paladin, Pecorino, Pikantje von Gouda, Rottaler, Salzburger Bauernkäse, Steppenkäse, Tilsiter, Trappistenkäse

Getränke

Obstsäfte, Sekt (trocken), Apfelwein, Weiß-, Rot- und Roséwein (herb)

Obstsorten

Brombeeren, Erdbeeren, Himbeeren, Johannisbeeren, Stachelbeeren, Äpfel (frisch), Aprikosen, Birnen, Kirschen, Mirabellen, Nektarinen, Pfirsiche, Pflaumen, Quitten, Reineclauden, Rhabarber, Sauerkirschen, Weintrauben

Zitrusfrüchte und exotische Obstsorten

Ananas, Granatäpfel, Grapefruits, Kakis, Kiwis, Kumquats, Limetten, Litschis, Mandarinen, Mangos, Orangen, Papayas, Passionsfrüchte, Zitronen

Sonstiges

Balsamico-Essig und Himbeeressig, Tomaten (gekocht)

Überwiegend kohlenhydrathaltige Gruppe

- Kohlenhydrathaltige Speisen nur mit den Kombis (grün) verbinden!

Vollkorngetreide

Amaranth, Buchweizen, Bulgur, Dinkel, Gerste, Grünkern, Hafer, Hirse, Quinoa, Roggen, Weizen, Getreideflocken

Vollkornerzeugnisse

Vollkornbrot und -brötchen, Vollkornkuchen und -gebäck, Vollkornnudeln (Hartweizen, ohne Ei), Naturreis

Kartoffeln

Kartoffeln in jeder Form

Obst

Äpfel (abgelagert), Bananen, Datteln (frisch), Feigen (frisch), Trockenobst (ungeschwefelt)

Süßungsmittel

Agavendicksaft, Ahornsirup, Birnen- und Apfeldicksaft, Fruchtzucker, Frutilose, Honig
- Diese Süßungsmittel dürfen alle in kleinen Mengen auch zum Abschmecken von Eiweißgerichten verwendet werden.

Sonstiges

Bier, Kartoffelstärke, Pilze (getrocknet), Tomaten (getrocknet)

Frei kombinierbare Lebensmittel (= Kombis)

- Die Kombis sind in zwei Gruppen unterteilt – nach säurebildender und basenbildender Kost.
- Teil 1 nicht zu üppig verwenden.
- Teil 2 kann ohne Mengenbegrenzung verzehrt werden.

Kombis Teil 1

Fette

Butter, Margarine und Pflanzenfette (ungehärtet), Öle (kaltgepresst)

Gesäuerte Milchprodukte

Buttermilch, Crème fraîche, Dickmilch, Joghurt, Kaffeesahne, Kefir, Quark, Sahne (sauer), Sahne (süß)

Sojaprodukte

Sojacreme, Soja Cuisine, Sojafleisch, Tofu, Sojamilch

Käse

Alle Käsesorten aus naturbelassener, roher Milch sind mit Milchsäurebakterien gesäuert, damit leichter verdaulich und zählen so zu den Kombis. Bei pasteurisierten Käsesorten fehlt oft die natürliche Säuerung, dadurch sind diese etwas schwerer verdaulich und zählen zu den Eiweißen.

Hartkäse

Beaufort, Caciocavallo, Comté, Fiore Sardo, Grana Padano, Greyerzer,

Grüntener, Idiazábal, Jurassic, Kefalotiri, Manchego, Montasio, Original Parmesan, Provolone, Sbrinz Switzerland, Urtaler

- Diese Sorten eignen sich frisch gerieben gut zu Nudelgerichten.

Schnittkäse

Allgäuer Emmentaler, Appenzeller, Asiago Pressato, Fontina, Halloumi, Majorero, Morbier, Pyrenäenkäse, Rahmgouda, Reblochon de Savoie, Salers, Schweizer Raclette, Thurgauer, Tomme de Savoie, Wörishofener

- Diese Sorten eignen sich gut als Brotbelag und zum Überbacken.

Weichkäse

Amalthée, Banon Chèvre, Brie De Meaux, Brocciu, Cabrales, Camembert, Coulommiers, Epoisses, Feta, Liptauer, Mont d'Or, Munster Géromé, Pouligny Saint-Pierre, Roquefort, Saint Albray, Ziegenmünster

- Diese Sorten eignen sich gut als Brotbelag.

Sauermilch- und Frischkäse

Bresso, Frischkäse, Handkäse, Harzer Käse, Hüttenkäse, Korbkäse, Mainzer, Mascarpone, Mozzarella, Olmützer Quargel, Picandou Fermier, Ricotta, Robiola Osella, Schafskäse, Tiroler Graukäse, Ziegenkäse

- Diese Sorten eignen sich gut als Brotbelag, zu Kartoffeln und zum Überbacken.

Rohe, luftgetrocknete oder roh geräucherte Wurstwaren

Bündner Fleisch, Debrecziner, Lachsschinken, Salami, Schinken (roh)

Rohes Fleisch

Tatar

- Rohes Fleisch nur ganz frisch verwenden und nicht zu häufig verzehren.

Rohe, marinierte Fische

Bismarckhering, Lachs (gebeizt), Matjeshering, Sardellen

Geräucherte Fische

Aal, Bückling, Forelle, Heilbutt, Lachs, Makrele, Schillerlocken

Nüsse und Samen

Haselnüsse, Kokosnuss, Leinsamen, Mandeln, Mohn, Sesam, Sonnenblumenkerne, Walnüsse

- Erdnüsse bitte meiden, sie sind schwer verdaulich.

Essig

Brottrunk, Molkekonzentrat (vergoren), Obstessig, Feigen-Balsamico-Essig, alter Balsamico-Essig

Klare, hochprozentige Spirituosen
Korn, Obstbrand (klar), Wacholder

Sonstiges
Eigelb, Gemüsebrühe, Hefe, Kokosmilch (frisch), Oliven, Rosinen

Kombis Teil 2
Gemüse
Artischocken, Auberginen, Avocado, Blumenkohl, Bohnen (grün), Brokkoli, Chicorée, Chinakohl, Erbsen (grün), Fenchel, Grünkohl, Gurken, Knoblauch, Knollensellerie, Kohlrabi, Kürbis, Lauch, Mais (frisch), Mangold, Melonen, Möhren, Okra, Palmherzen, Paprikaschoten, Peperoni, Radieschen, Rettich, Rosenkohl, Rote Bete, Rotkohl, Sauerkraut, Schwarzwurzel, Spargel, Spinat, Spitzkohl, Staudensellerie, Tomaten (roh), Topinambur, Weißkohl, Wirsing, Zucchini, Zwiebeln

Blattsalate
Bataviasalat, Eichblattsalat, Eisbergsalat, Endiviensalat, Feldsalat, Friséesalat, Kopfsalat, Lollo biondo, Lollo rosso, Radicchio, Rauke/Rucola, Römischer Salat

Pilze
Austernpilze, Champignons, Egerlinge, Morcheln, Pfifferlinge, Shiitake-Pilze, Steinpilze oder andere Waldpilze, Trüffel

Sprossen und Keime
Alfalfasprossen, Mungobohnensprossen, Radieschensprossen oder andere Keime

Geliermittel
Agar-Agar (eine pulverisierte Meeresalge), Biobin (pflanzliches Bindemittel aus Johannisbrotkernmehl), Gelatine (tierisches Produkt)

Sonstiges
Gewürze (Meerrettich, Pfeffer, Senf, Zitrusschalen), Heidelbeeren, Kräuter, Kräutertees, Malzkaffee, Naturmolke, Stevia (weitere Informationen unter www.trennkost.de)

Diese Nahrungsmittel sollten Sie möglichst meiden:
- weißes Mehl und die daraus hergestellten Produkte, z. B. süße und pikante Backwaren, sowie Nudeln (mit Ei) und polierter Reis
- Zucker, Süßstoffe und daraus hergestellte Produkte, z. B. Süßwaren, Marmeladen und Gelees
- Fertiggerichte und Konserven
- Schweinefleisch, Wurst und Schinken vom Schwein und rohes Fleisch
- gehärtete Fette, z. B. normale Margarine, feste, weiße Frittier- und Bratfette (Plattenfette)
- Bohnenkaffee, schwarzer Tee und Kakao in großen Mengen
- hochprozentige Spirituosen

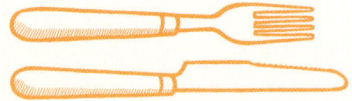

Frühstück

Erster Tag	♦ Obstfrühstück *Seite 23*
Zweiter Tag	♦ Vitalbrot *Seite 22*
Dritter Tag	Pro Person ♦ 1/2 Avocado, dazu 150 g Hüttenkäse
Vierter Tag	♦ Apfel-Bananen- Müsli *Seite 25*
Fünfter Tag	♦ Rosinenbrot mit Hagebuttenmus *Seite 22*
Sechster Tag	♦ Käsebaguette *Seite 26*
Siebter Tag	♦ Rührreier mit Krabben *Seite 27*

Wochenplan

Der Wochenplan ist als Anregung dafür gedacht, wie Ihr Trennkost-Speiseplan für die erste Woche ausse-hen könnte. Sie werden selbst feststel-len, wie schnell und einfach die Mahlzeiten zuzubereiten sind! Stellen Sie sich anschließend nach Belieben mit Hilfe des Kombiplans Ihre Mahl-zeiten selbst zusammen. Im Rezept-teil finden Sie jede Menge köstlicher Gerichte, die ohne großen Aufwand zu kochen sind.

Tipp: Schnell kombiniert – die eiweißrei-chen Mahlzeiten sind blau ♦ markiert, die Kohlenhydratmahlzeiten sind orange ♦ markiert, die neutralen Gerichte erkennen Sie an der grünen ♦ Markierung.

Rezepthinweis: Um Ihnen die Rezeptaus-wahl zu erleichtern, sind die Rezepte ab Seite 22 mit verschiedenen Sym-bolen gekennzeichnet:
🟩 vegetarisches Rezept
❄ Verwendung von Tiefkühlprodukten
🕐 sehr schnelles Rezept
(max. 10 Minuten Zubereitungszeit)

Snack	Mittagessen	Snack	Abendessen
pro Person ♦ 125 g Joghurt	♦ Pasta con Pesto *Seite 50*	♦ Himbeer-Soja-Shake *Seite 83*	♦ Buntes Gurkengemüse** mit Geflügelsülze, *Seite 58*
pro Person ♦ 1 Stück frisches Obst	♦ Brathähnchen mit restlichem Buntem Gurkengemüse *Seite 62*	pro Person ♦ 1 Banane	♦ Kartoffel-Hering-Salat* *Seite 45*
pro Person ♦ 1 Stück frisches Obst	♦ restlicher Kartoffel-Heringsalat *Seite 45*	pro Person ♦ 1 Kohlrabi geschält, in Spalten geschnitten	♦ Pilz-Omelett *Seite 77*
pro Person ♦ 2 Kiwis	♦ Tomaten mit Mozzarella, dazu je ♦ 1 Vollkornbrötchen *Seite 37*	pro Person ♦ 250 ml Kefir	♦ Brokkoli und Blumenkohl mit Hackfleischsauce* *Seite 64*
pro Person ♦ 1 Stück frisches Obst	♦ Restlicher Brokkoli und Blumenkohl mit Hackfleischsauce *Seite 64*	♦ Himbeerquark *Seite 80*	♦ Tatarbrötchen mit gehackten Zwiebeln, *Seite 38* und ♦ Rettichsalat, *Seite 32*
♦ Mandarinenjoghurt *Seite 23*	♦ Gemüsesuppe mit Debrecziner *Seite 28*	♦ Joghurt-Bananen-Sorbet *Seite 86*	♦ Würziger Schafskäse in der Folie *Seite 39*
pro Person ♦ 1 Glas frischer Orangensaft, 200 ml	♦ Schinken-Käse-Schnitzel mit Chicorée, *Seite 67*	♦ Erdbeereis *Seite 85*	♦ Curryreis mit Zucchini *Seite 56*

* in doppelter Menge herstellen   ** das Bunte Gurkengemüse in doppelter Menge herstellen

Trennkost

schnell, leicht und lecker

Die Rezepte

Frühstück & Snacks

Starten Sie nach Belieben mit Obst, Müsli oder einem belegten Brot in den Tag. Wenn Sie auf Kaffee nicht verzichten möchten, sollten Sie ihn mit Kaffeesahne mildern und nach Geschmack mit Stevia (siehe Seite 83) süßen.

Vitalbrot

♦ Kohlenhydrate | Zubereitungszeit: 5 Min.
Für 2 Personen

Zutaten
4 Scheiben Vollkorntoast
120 g Kräuterfrischkäse
4 EL Keimlinge, z. B. Mungobohnen-,
Sonnenblumen- oder Linsenkeimlinge

1 Die Vollkornbrote toasten. Den Kräuterfrischkäse gleichmäßig auf die Brote streichen.
2 Die Keimlinge waschen, gut abtropfen lassen und auf den Broten verteilen.

Rosinenbrot mit Hagebuttenmus

♦ Kohlenhydrate | Zubereitungszeit: 5 Min.
Für 2 Personen

Zutaten
2 Scheiben Vollkornrosinenbrot
4 EL Frischkäse
2 EL Hagebuttenmus
1 TL Zimt

1 Die Rosinenbrote mit dem Frischkäse und dem Hagebuttenmus bestreichen.
2 Mit dem Zimt bestreut servieren.

Tipp: Marmelade ist bei Trennkost schlecht einzuordnen. Früchte, die zur Gruppe der Eiweiße zählen und sauer verdaut werden, können in Kombination mit Zucker Sodbrennen verursachen. Mus, als Marmeladenersatz, aus Heidelbeeren oder Hagebutten ist verträglicher. Beide Fruchtsorten eignen sich auch sehr gut als Füllung für Pfannkuchen.

Obstfrühstück

♦ Eiweiß | Zubereitungszeit: 5 Min.
  Für 2 Personen

Zutaten
*frisches Obst der Saison in beliebiger
Menge, z. B. Ananas, Orangen, Mangos,
Äpfel, Birnen, Erdbeeren oder andere
Sorten*

1 Das Obst waschen, putzen, eventuell
  schälen und nach Belieben in mundgerechte Stücke schneiden.

Tipp: Die genannten Obstsorten gehören
  in die Gruppe der Eiweiße und sollten
  nicht gleichzeitig mit Bananen, Datteln
  oder Feigen verzehrt werden, da diese
  zur Gruppe der Kohlenhydrate zählen.
  Obst, in kleine Stücke geschnitten und
  mit etwas Zitronensaft beträufelt, eignet sich übrigens ideal als kleine
  Nascherei am Arbeitsplatz. Geben Sie
  die Stücke in eine kleine, gut ver-
  schließbare Box. Kühl aufbewahrt hält
  sich Obst einige Stunden frisch.

Mandarinenjoghurt

♦ Eiweiß | Zubereitungszeit: 10 Min.
  Für 2 Personen

Zutaten
*2 große Mandarinen
250 g Joghurt
2 EL Ahornsirup
2 Msp. Kardamom*

1 Die Mandarinen schälen und die Spalten in kleine Stücke schneiden. Joghurt
  mit Ahornsirup und Kardamom verrühren.
2 Die Mandarinenstücke untermischen.
  In Dessertschalen füllen und servieren.

Tipp: Statt der Mandarinen können Sie
  auch Clementinen, Satsumas oder
  andere Saisonfrüchte verwenden.
  Die Zitrusfrüchte enthalten sehr viel
  Vitamin C, außerdem Carotin, mehrere
  B-Vitamine und viele Mineralstoffe –
  ideal für Ihre Abwehrkräfte!

Buttermilchmüsli mit Heidelbeeren

Buttermilchmüsli mit Heidelbeeren

♦ Kohlenhydrate | Zubereitungszeit:
10 Min. | Für 2 Personen

Zutaten
300 g Buttermilch
2 EL Honig
100 g Heidelbeeren (TK)
6 EL kernige Haferflocken
2 Blättchen Zitronenmelisse

1 Die Buttermilch mit dem Honig süßen und die Heidelbeeren untermischen.
2 Die Haferflocken in zwei kleine Schalen geben und die Heidelbeer-Buttermilch darauf verteilen. Mit Zitronenmelisse verziert servieren.

Tipp: Da Heidelbeeren bei Trennkost zu den neutralen Früchten zählen, sind sie sehr vielseitig einsetzbar. Ob zu Pfannkuchen, als Tortenbelag, als erfrischende Kaltschale, als Eis oder im Müsli – Heidelbeeren schmecken immer köstlich und sind außerdem von hohem Wert für Ihre Gesundheit. Ihre Gerbstoffe haben eine keimabtötende Wirkung, v.a. gegen Kolibakterien, und der in ihnen enthaltene blaue Farbstoff wirkt blutbildend.

Apfel-Bananen-Müsli

♦ Kohlenhydrate | Zubereitungszeit:
10 Min. | Für 2 Personen

Zutaten
1 großer mürber Apfel
2 Bananen
2 EL gemahlener Leinsamen
200 g Joghurt
2 EL Honig
2 EL kaltgeschlagenes Leinöl
1 EL Sonnenblumenkerne

1 Den Apfel waschen, vierteln, entkernen und klein würfeln. Die Bananen schälen und in Scheiben schneiden.
2 Den Leinsamen mit dem Joghurt, Honig und Leinöl vermischen und über das Müsli geben. Mit den Sonnenblumenkernen bestreut servieren.

Tipp: Leinsamen enthält viele pflanzliche Östrogene und steht im Ruf, hormonabhängige Krebsarten wie Brustkrebs oder Gebärmutterkrebs zu hemmen. Besonders gut wirken die kleinen Körnchen gegen Verstopfung. Geschrotet oder gemahlen ist Leinsamen höchstens eine Woche lagerfähig.

Käsebaguette

♦ Kohlenhydrate | Zubereitungszeit: 5 Min.
Für 2 Personen

Zutaten
1 große Fleischtomate
1 Vollkornbaguette
4 TL Butter
100 g Allgäuer Emmentaler
in Scheiben

1 Die Tomate waschen, in Scheiben schneiden, den Stielansatz dabei entfernen.
2 Das Baguette halbieren, beide Teile quer durchschneiden und die unteren Hälften dünn mit Butter bestreichen. Mit den Tomatenscheiben und Käse belegen.
3 Die oberen Baguettehälften daraufsetzen und zusammen mit den restlichen Tomatenscheiben servieren.

Tipp: Allgäuer Emmentaler zählt zu den neutralen Käsesorten. Aus naturbelassener roher Milch hergestellt, ist er durch Milchsäurebakterien gesäuert und damit leichter verdaulich. Bei pasteurisierten Käsesorten fehlt oft die natürliche Säuerung, dadurch sind diese schwerer verdaulich und zählen zu den Eiweißen.

Salamibrötchen mit Radieschen

♦ Kohlenhydrate | Zubereitungszeit: 5 Min.
Für 2 Personen

Zutaten
1 Bund Radieschen
2 Vollkornbrötchen
4 EL Joghurt
60 g Rindersalami in Scheiben

1 Die Radieschen waschen und putzen und vier davon in Scheiben schneiden.
2 Die Brötchen halbieren und mit je 2 Esslöffeln Joghurt bestreichen. Mit den Radieschenscheiben und der Salami belegen. Die Oberseiten aufsetzen und zusammen mit den restlichen Radieschen servieren.

Tipp: Zusammen mit Radieschen oder einer Rohkost nach Wahl ist diese kleine Mahlzeit ideal, um den Blutzuckerspiegel konstant zu halten.

Schmalzbrot mit Sprossen

♦ Kohlenhydrate | Zubereitungszeit: 5 Min.
Für 2 Personen

Zutaten
2 Scheiben Vollkornbrot
2 EL Holstener Liesl
(siehe Seite 46)
frischer Pfeffer aus der Mühle
Meersalz
2 EL Sprossen

1 Die Brote mit der Holstener Liesl
bestreichen und mit Pfeffer und Salz
würzen.
2 Mit den Sprossen belegen.

Tipp: Sprossen können Sie schnell und
einfach selbst ziehen, indem Sie z. B.
getrocknete Linsen oder Sonnenblumenkerne in einer kleinen Schüssel mit
Wasser befeuchten und mit einem licht-
durchlässigen Tuch abdecken. Ein- bis
zweimal am Tag mit klarem Wasser
abspülen, damit sich keine Bakterien
bilden. Nach zwei bis drei Tagen haben
sich kleine Keime gebildet.

Rühreier mit Krabben

♦ Eiweiß | Zubereitungszeit: 10 Min.
Für 2 Personen

Zutaten
4 große Eier
2 EL Mineralwasser
Pfeffer
Meersalz
2 TL Olivenöl
150 g Krabben (TK)

1 Die Eier mit dem Mineralwasser verquirlen und mit Pfeffer und Salz leicht
würzen. Das Öl in einer beschichteten
Pfanne erhitzen und die Krabben darin
kurz anbraten.
2 Die verquirlten Eier darübergießen
und bei schwacher Hitze stocken lassen. Zwischendurch die Masse mehr-
mals vom Rand zur Mitte schieben und
fertig braten.
3 Noch heiß servieren.

Tipp: Essen Sie dazu vitaminreiches, frisches Gemüse, z. B. in Spalten geschnittene Tomaten oder Paprika.

Suppen, Salate & kleine Gerichte

Für den kleinen Hunger finden Sie hier eine reiche Auswahl an leckeren Rezepten. Die neutralen Salat- und Gemüsegerichte können mit einer Kohlenhydrat- oder Eiweißmahlzeit kombiniert werden.

Gemüsesuppe mit Debrecziner

♦ Eiweiß | Zubereitungszeit: 20 Min.
Für 2 Personen

 **Zutaten**
600 g Gemüsesuppe (TK)
2 EL Tomatenmark, 1 EL Gemüsebrühe
Pfeffer, 1 TL Majoran, 1 TL Sambal
Oelek, 4 Debrecziner Würstchen

1 Die tiefgekühlte Gemüsesuppe nach Packungsanweisung zubereiten.
2 Tomatenmark, Brühe und die Gewürze dazugeben. Zugedeckt 8 Minuten bei schwacher Hitze kochen lassen.
3 Die Debrecziner in die Suppe legen und bei offenem Topf weitere 5 Minuten ziehen lassen. Heiß servieren.

Gemüseeintopf mit Geflügelwürstchen

♦ Eiweiß | Zubereitungszeit: 15 Min.
Für 2 Personen

Zutaten
1 EL Butter
700 g Mischgemüse (TK),
z. B. Möhren, Erbsen, Spargel
1 EL Gemüsebrühe (instant)
Pfeffer
4 Geflügelwürstchen
2 EL saure Sahne
3 EL gehackte Petersilie (TK)

1 Die Butter in einem Topf schmelzen lassen, das Gemüse dazugeben und unter Rühren leicht antauen lassen. Das Gemüse knapp mit Wasser bedecken und aufkochen lassen.
2 Den Eintopf mit der Gemüsebrühe und Pfeffer würzen. Im geschlossenen Topf etwa 8 Minuten leise kochen lassen.
3 Die Würstchen auf das Gemüse legen und weitere 3 Minuten garen lassen. Die saure Sahne unterrühren und den Eintopf mit der Petersilie bestreut servieren.

Fischsuppe neapolitanisch

♦ Eiweiß | Zubereitungszeit: 20 Min.
Für 2 Personen

Zutaten
1–2 Knoblauchzehen
1 TL Öl
2 EL Zwiebelwürfel (TK)
450 g Gemüsesuppe (TK)
200 g Tomatenstücke (Konserve)
3/4 L Gemüsebrühe
Pfeffer, Oregano
1/2 TL Sambal Oelek
300 g Fischfilet, z. B. Scholle,
Kabeljau, Rotbarsch
2 EL gehackte Petersilie (TK)

1 Knoblauchzehen abziehen und grob hacken.
2 Das Öl in einem Topf erhitzen und die Zwiebel- und Knoblauchwürfel darin glasig dünsten.
3 Gemüsesuppe, Tomatenstücke und Brühe dazugeben, mit Pfeffer, Oregano und Sambal Oelek würzen. Aufkochen lassen und zugedeckt 6 bis 8 Minuten leise kochen lassen.
4 Den Fisch waschen und in Würfel schneiden, eventuelle Gräten entfernen. Fischstücke zur Suppe geben und zugedeckt weitere 5 Minuten bei schwacher Hitze kochen lassen. Mit der Petersilie bestreut servieren.

Tomatensuppe mit gestockten Eiern

♦ Eiweiß | Zubereitungszeit: 15 Min.
Für 2 Personen

Zutaten
1 EL Olivenöl
1 EL Zwiebelwürfel (TK)
400 g Tomatenstücke (Konserve)
200 ml Gemüsebrühe
1 TL Thymian
1 TL Rosmarin
1 Msp. Cayennepfeffer
2 EL Sojacreme
4 Eier
einige Basilikumblättchen

1 Öl in einem Topf erhitzen und die Zwiebelwürfel darin glasig dünsten.
2 Die Tomatenstücke unter Rühren dazugeben und alles gut durchschmoren lassen. Die Brühe angießen. Mit Thymian, Rosmarin und Cayennepfeffer würzen.
3 Die Suppe mit dem Mixstab pürieren und mit der Sojacreme verfeinern.
4 Die Eier einzeln aufschlagen, in eine Suppenkelle geben und langsam in die Suppe setzen. Fünf Minuten bei schwacher Hitze ziehen lassen. Mit den Basilikumblättchen garnieren.

Zucchinisuppe mit Knoblauchbaguette

Zucchinisuppe mit Knoblauchbaguette

♦ Kohlenhydrate | Zubereitungszeit: 15 Min. | Für 2 Personen

Zutaten
400 g Zucchini
1 kleines Vollkornbaguette
2 EL Knoblauchbutter
2 TL Gemüsebrühe (instant)
Pfeffer
2 EL Sahne

1 Zucchini waschen, Blüten- und Stielansätze entfernen und das Fruchtfleisch grob in Würfel schneiden. Das Gemüse in einen Topf geben, mit Wasser bedecken und zugedeckt 8 bis 10 Minuten leise kochen lassen.
2 Das Baguette halbieren, quer aufschneiden und in ca. 3 cm breite Rauten schneiden. Gleichmäßig mit der Knoblauchbutter bestreichen. Unter dem Grill 8 bis 10 Minuten rösten.
3 Die Suppe mit der Gemüsebrühe und dem Pfeffer würzen. Einige Gemüsewürfel aus der Brühe nehmen und beiseitelegen. Die restliche Suppe pürieren und die Gemüsewürfel wieder dazugeben. Die Sahne unterziehen und die Suppe zusammen mit dem Baguette servieren.

Brokkolisuppe

♦ Eiweiß | Zubereitungszeit: 15 Min. Für 2 Personen

Zutaten
500 g Brokkoli (TK)
2 TL Gemüsebrühe (instant)
Knoblauchsalz
25 g Schmelzkäse
2 EL saure Sahne

1 Den Brokkoli in einen Topf geben, mit Wasser bedecken und zugedeckt 8 bis 10 Minuten leise kochen lassen.
2 Die Suppe mit Gemüsebrühe und Knoblauchsalz würzen. Den Käse unterrühren und alles mit dem Mixstab pürieren. Die saure Sahne unterziehen und die Suppe heiß servieren.

Tipp: Wegen des Schmelzkäses zählt die Suppe zur Kategorie Eiweiß. Da pro Person jedoch nur 12,5 Gramm davon gegessen werden, können Sie ohne Bedenken je ein Brötchen oder eine Scheibe Brot dazu essen. Dann wird daraus allerdings eine Kohlenhydratmahlzeit.

Rettichsalat

◆ Neutral | Zubereitungszeit: 10 Min.
 Für 2 Personen

Zutaten
1 mittelgroßer fester Rettich
Meersalz
50 g saure Sahne
150 g Joghurt
1 Msp. Paprikapulver, edelsüß

1 Den Rettich schälen und grob raspeln.
 Mit Salz bestreuen und kurze Zeit stehen lassen.
2 Die saure Sahne mit dem Joghurt verrühren und mit dem Rettich mischen.
3 Den Rettichsalat mit dem Paprikapulver bestreut servieren.

Tipp: Rettich kann weiß, rot oder schwarz
 sein. Achten Sie beim Einkauf darauf,
 dass er eine pralle und feste Konsistenz
 hat. Rettich ist sehr gesund, denn er
 enthält reichlich Kalium, Eisen und
 Enzyme. Außerdem wirkt er stark harn-
 und gallentreibend und befreit zusätzlich die Atemwege.

Französischer Eisbergsalat mit Mais und Oliven

◆ Neutral | Zubereitungszeit: 10 Min.
 Für 2 Personen

Zutaten
1 Eisbergsalat
1 kleine Dose Mais
1 EL Obstessig
2 EL Joghurt
Pfeffer, Kräutersalz
1 TL Kräuter der Provence
10 schwarze Oliven

1 Den Salat halbieren, waschen und in
 mundgerechte Stücke schneiden.
2 Den Mais zusammen mit dem Einleg-
 wasser, Essig, Joghurt, Pfeffer, Salz
 und den Kräutern der Provence
 mischen.
3 Die Sauce über den Salat geben und
 gut mischen. Mit den Oliven garniert
 servieren.

Tipp: Der knackige Eisbergsalat hat den
 Vorteil, dass man ihn vier bis fünf Tage
 im Gemüsefach aufheben kann, ohne
 großen Vitaminverlust befürchten zu
 müssen.
 Besonders der hohe Kaliumgehalt regt
 die Nierentätigkeit an, entlastet das
 Herz und senkt gleichzeitig erhöhte
 Harnsäurewerte.

Römersalat mit Rucola

♦ Neutral | Zubereitungszeit: 10 Min.
 Für 2 Personen

Zutaten
1 Römersalat
1 Bund Rucola
10 Kirschtomaten
1 EL Olivenöl
2 EL Obstessig
Pfeffer
Meersalz
1 Päckchen gehackte Kräuter (TK)

1 Den Salat putzen, waschen und in mundgerechte Stücke schneiden. Vom Rucola die harten Stiele entfernen und die Rucolablätter waschen. Die Tomaten waschen und halbieren.
2 Für das Dressing Olivenöl mit Essig, Pfeffer und Salz mischen und mit 6 Esslöffeln Wasser verdünnen. Die gehackten Kräuter unterrühren.
3 Römersalat und Rucola in einer Schüssel mischen. Die Sauce über den Salat geben, mischen und den Salat mit den Tomaten garnieren.

Rote-Bete-Salat mit Kümmel

♦ Neutral | Zubereitungszeit: 10 Min.
 Für 2 Personen

Zutaten
4 Knollen Rote Bete (Vakuumpackung)
1 kleine Zwiebel
1 EL Öl
2 EL Feigen-Balsamico-Essig oder alter Balsamico-Essig
Pfeffer
Meersalz
2 TL Kümmel
2 EL gehackte Petersilie (TK)

1 Die Rote Bete in dünne Scheiben schneiden. Die Zwiebel abziehen und fein würfeln.
2 Für die Sauce das Öl mit dem Essig, 2 Esslöffeln Wasser, Pfeffer, Salz und Kümmel kräftig verschlagen. Die Zwiebelwürfel unterrühren und die Sauce mit dem Salat mischen. Mit der Petersilie bestreut servieren.

Tipp: Da Feigen-Balsamico-Essig oder sehr alte Balsamico-Essige aufgrund ihrer langen Lagerung ihre übermäßige Säure verloren haben, können sie, ebenso wie Obstessig, zusammen mit Kohlenhydraten genossen werden.

Blumenkohlsalat

♦ Neutral | Zubereitungszeit: 15 Min.
Für 2 Personen

Zutaten
600 g Blumenkohlröschen (TK)
Meersalz
1 kleine Zwiebel
1 EL Öl
1 EL Obstessig
80 ml Blumenkohlkochwasser
Pfeffer
2 EL Sahne
1 TL Paprikapulver, edelsüß

1 Die Blumenkohlröschen in einen Topf geben, mit leicht gesalzenem Wasser bedecken und in 10 bis 12 Minuten bissfest garen. Die Röschen aus dem Wasser heben und abkühlen lassen.
2 Für die Sauce die Zwiebel abziehen und fein hacken. Das Öl mit dem Essig und Blumenkohlkochwasser verrühren. Die Zwiebelwürfel untermischen. Die Sauce mit Pfeffer und Salz würzen, mit der Sahne verfeinern und mit dem Blumenkohl mischen.
3 Den Blumenkohlsalat mit dem Paprikapulver bestäuben und servieren.

Italienischer Brokkolisalat

♦ Neutral | Zubereitungszeit: 15 Min.
Für 2 Personen

Zutaten
600 g Brokkoliröschen (TK)
Meersalz
15 schwarze Oliven ohne Stein
80 ml Brokkolikochwasser
3 EL Sojacreme
1 EL Obstessig
Pfeffer
Meersalz
1 TL Oregano
2 EL gehackte Walnüsse

1 Den Brokkoli in kochendem Salzwasser in etwa 8 bis 10 Minuten bissfest garen. Anschließend gut abtropfen lassen und in eine Schüssel geben.
2 Die Oliven fein hacken.
3 Für die Sauce das Kochwasser mit der Sojacreme verrühren. Die gehackten Oliven untermischen und alles mit Obstessig, Pfeffer, Salz und Oregano würzen.
4 Die Sauce mit dem Brokkoli mischen und den Salat mit den gehackten Walnüssen bestreut servieren.

Schnelles Lauchgemüse

♦ Neutral | Zubereitungszeit: 20 Min.
Für 2 Personen

Zutaten
1 EL Butter
500 g Lauch (TK)
100 ml Gemüsebrühe
Pfeffer
Meersalz
3 EL Sahne
1 TL Rosenpaprika

1 Die Butter in einem Topf schmelzen lassen. Lauch darin unter Rühren zart andünsten. Mit der Brühe ablöschen und bei mäßiger Hitze zugedeckt 12 bis 15 Minuten kochen lassen.
2 Das Gemüse mit Pfeffer und Salz abschmecken und mit der Sahne verfeinern. Mit dem Rosenpaprika bestreut servieren.

Tipp: Lauch, auch Porree genannt, ist ein sehr vielseitiges Gemüse. Es schmeckt als Rohkost zu Äpfeln und Nüssen, ebenso aber auch gekocht zu Fleisch, Fisch, Eiern, Kartoffeln, Reis oder Nudeln. Die im Lauch enthaltenen schwefelartigen Stoffe sind verdauungsfördernd und wirken entwässernd.

Romanesco mit Frischkäsesauce

♦ Neutral | Zubereitungszeit: 15 Min.
Für 2 Personen

Zutaten
600 g Romanesco (TK)
150 g Joghurt
3 EL Frischkäse
3 EL gemischte Salatkräuter (TK)
Pfeffer
Kräutersalz
3 TL Mandelblättchen

1 Das Gemüse nach Packungsanweisung bissfest garen. Dann aus dem Wasser nehmen und gut abtropfen lassen.
2 Für die Sauce Joghurt und Frischkäse cremig miteinander verrühren und die gehackten Kräuter untermischen. Mit Pfeffer und Salz würzen. Die Sauce über das Gemüse geben und mit den Mandelblättchen bestreut servieren.

Tipp: Romanesco mit den vielen kleinen hellgrünen Krönchen ist verwandt mit dem Blumenkohl und dem Brokkoli. Das Gemüse eignet sich besonders gut für Magen- und Darmempfindliche.

Thunfischsalat

Tomaten mit Mozzarella

♦ Neutral | Zubereitungszeit: 15 Min.
Für 2 Personen

Zutaten
6 mittelgroße Tomaten (etwa 700 g)
2 Zweige Basilikum
250 g Mozzarella
2 EL Feigen-Balsamico-Essig
oder gereifter Balsamico-Essig
1 EL Olivenöl
Pfeffer
Meersalz

1 Die Tomaten waschen, von den Stiel-
ansätzen befreien und das Fruchtfleisch in Scheiben schneiden.
2 Basilikum waschen und die Blättchen
von den Stielen zupfen. Den Mozzarella abtropfen lassen und in Scheiben
schneiden. Den Käse auf den Tomaten
anrichten.
3 Alles mit Essig und Öl beträufeln und
mit Pfeffer und Salz würzen. Mit den
Basilikumblättchen garnieren.

Thunfischsalat

♦ Eiweiß | Zubereitungszeit: 15 Min.
Für 2 Personen

Zutaten
1 kleine rote Zwiebel
je 1/2 grüne und rote Paprikaschote
1 Tomate
200 g Thunfisch aus der Dose, naturell
1 EL Mayonnaise
200 g Joghurt
1 Msp. Chili
Meersalz
2 Salatherzen

1 Zwiebel abziehen und fein hacken. Die
Paprikaschoten halbieren, putzen,
waschen und in kleine Würfel schneiden. Die Tomate waschen, vom Stielansatz befreien und das Fruchtfleisch
klein würfeln.
2 Den Saft vom Thunfisch abgießen und
den Fisch mit einer Gabel grob zerdrücken. Die Mayonnaise mit dem
Joghurt cremig verrühren.
3 Zwiebel, Paprika- und Tomatenwürfel
in die Sauce rühren. Mit Chili und Salz
fein abschmecken. Den Thunfisch mit
der Sauce mischen.
4 Die Salatherzen der Länge nach vierteln, waschen und abtropfen lassen.
Zusammen mit dem Thunfischsalat
anrichten.

Geflügelsalat

♦ Eiweiß | Zubereitungszeit: 20 Min.
Für 2 Personen

Zutaten
1 Kopfsalat
250 g gegarte Hühnerbrust
2 Mandarinen
4 Walnusskerne
frisch gepresster Saft einer Mandarine
150 g Joghurt
3 EL saure Sahne
1–2 TL Curry
Pfeffer
Meersalz
1 EL Ketchup
3 kleine Zweige Petersilie

1 Den Salat putzen, waschen und trocken schleudern. In mundgerechte Stücke zerteilen und auf einer Platte anrichten.
2 Das Fleisch in kleine Würfel schneiden. Die Mandarinen schälen und in kleine Stücke schneiden. Die Nüsse grob hacken.
3 Den Mandarinensaft mit dem Joghurt, der sauren Sahne, Curry, Pfeffer, Salz und Ketchup verrühren. Fleisch, Mandarinenstückchen und Nüsse unterheben. Den Geflügelsalat auf den Kopfsalat geben und mit der Petersilie garniert servieren.

Tatarbrötchen mit gehackten Zwiebeln

♦ Kohlenhydrate | Zubereitungszeit: 10 Min. | Für 2 Personen

Zutaten
1 kleine Zwiebel
160 g Tatar
1 frisches Eigelb
1 EL Cognac
Meersalz
Pfeffer
1 TL Rosenpaprika
2 Vollkornbrötchen
2 EL Frischkäse

1 Die Zwiebel abziehen und fein hacken. Einige Zwiebelwürfel für die Garnitur beiseitelegen.
2 Das gehackte Fleisch auf einen Teller geben und mit den Zwiebelwürfeln, dem Eigelb, Cognac und den Gewürzen vermischen.
3 Die Brötchen aufschneiden, mit dem Frischkäse dünn bestreichen und das Hackfleisch auf allen vier Hälften gleichmäßig verteilen. Mit den restlichen Zwiebelwürfeln bestreuen und sofort servieren.

Pizzabrot

♦ Kohlenhydrate | Zubereitungszeit:
20 Min. | Für 2 Personen

Zutaten
1 EL Öl
100 g Paprikastreifen (TK)
100 g Champignons in Scheiben (TK)
2 EL Zwiebelwürfel (TK)
Pfeffer
Meersalz
1 TL Oregano
2 Scheiben Vollkornbrot
60 g Käse in Scheiben, z. B. Allgäuer
Emmentaler oder Greyerzer

1 Das Öl in einer Pfanne erhitzen. Die
Paprikastreifen, Champignons und
Zwiebelwürfel darin unter Rühren
5 Minuten braten. Mit Pfeffer, Salz
und Oregano pikant würzen.
2 Den Backofen auf 200 °C vorheizen.
Die Mischung auf den Broten verteilen
und mit dem Käse belegen. Die Pizza-
brote im Backofen etwa 10 Minuten
backen, bis der Käse leicht gebräunt ist.

Würziger Schafskäse in der Folie

♦ Eiweiß | Zubereitungszeit: 15 Min.
Für 2 Personen

Zutaten
1 große Fleischtomate
2 Scheiben Schafskäse (Feta) à 100 g
2 TL gerebelter Oregano
2 TL gerebelter Thymian
2 TL gehackter Rosmarin
außerdem: Alufolie (extra stark und
reißfest)

1 Von der Tomate den Stielansatz entfernen und vom Fruchtfleisch vier 1 cm
dicke Scheiben abschneiden. Den
Backofen auf 200 °C vorheizen.
2 Auf zwei große Stücke Alufolie je eine
Tomatenscheibe und eine Scheibe
Schafskäse legen. Mit Oregano, Thymian und Rosmarin würzen.
3 Die restlichen beiden Tomatenscheiben
auf den Käse geben und die Folie gut
verschließen. Die Päckchen im Backofen etwa 10 bis 12 Minuten backen.

Tipp: Essen Sie dazu je 300 Gramm auf
geschnittene Tomaten.

Eier-Krabben-Salat

◆ Eiweiß | Zubereitungszeit: 20 Min.
 Für 2 Personen

Zutaten
2 Eier
200 g gekochte Krabben (TK)
1/2 Eisbergsalat
150 g Joghurt
4 EL Sojacreme
1 TL Senf
Meersalz
1 TL Curry
1 Msp. Cayennepfeffer
2 EL gehackte Petersilie (TK)

1 Die Eier hart kochen, mit kaltem Wasser abschrecken, danach pellen und
 grob hacken. Die Krabben auftauen
 lassen, dann mit einer Gabel grob zerdrücken.
2 Den Eisbergsalat putzen, waschen,
 abtropfen lassen und in schmale Streifen schneiden.
3 Joghurt mit der Sojacreme, 3 Esslöffeln
 Wasser, Senf, Salz, Curry und
 Cayennepfeffer verrühren. Die Sauce
 mit den gehackten Eiern, den Krabben
 und Salatstreifen mischen. Mit der
 Petersilie bestreut servieren.

Gemischter Salat mit Eiern und Sardellen

◆ Eiweiß | Zubereitungszeit: 15 Min.
 Für 2 Personen

Zutaten
4 Eier
1 kleine Salatgurke
3 Tomaten
1 kleiner Eisbergsalat
2 EL Himbeer- oder Feigenessig
1 EL Öl
1 TL Senf
einige Spritzer Worcestersauce
2 EL Sahne
Pfeffer, Meersalz
10 Sardellenfilets

1 Die Eier hart kochen, mit kaltem Wasser abschrecken, danach pellen.
2 Die Gurke schälen und in kleine Würfel schneiden. Die Tomaten waschen
 und in Spalten schneiden. Den Eisbergsalat waschen und in mundgerechte Stücke teilen. Gurkenwürfel, Toma-
 tenspalten und Eisbergsalat mischen
 und auf einer Salatplatte anrichten.
3 Aus Essig, Öl, Senf, Worcestersauce,
 Sahne, 2 Esslöffeln Wasser, Pfeffer und
 Salz eine Sauce rühren und über den
 Salat gießen. Die Eier halbieren, auf
 dem Salat verteilen und mit den Sardellenfilets belegen.

Apfelmatjes auf Schwarzbrot

♦ Kohlenhydrate | Zubereitungszeit:
10 Min. | Für 2 Personen

Zutaten
2 mürbe, abgelagerte Äpfel
4 Matjesfilets
2 Scheiben Schwarzbrot
4 EL saure Sahne

1 Die Äpfel waschen, vierteln und entkernen. Je ein Viertel davon fein würfeln, die restlichen Viertel in schmale
Spalten schneiden. Die Matjesfilets in
breite Streifen schneiden.
2 Die Brote mit der sauren Sahne
bestreichen und mit den Apfelwürfeln
und Matjesstreifen belegen. Zusammen
mit den Apfelspalten servieren.

Tipp: Roher Fisch wie Matjes, Lachs oder
Hering zählt bei der Trennkosternäh-
rung zur neutralen Spalte. Diese rohen
Fische sind in ihrer Struktur und Zellhaut noch unverändert und somit leichter verdaulich. Erst durch das Erhitzen
verhärtet und verdichtet sich ihre
Struktur. Der Fisch wird dann etwas
schwerer verdaulich und zählt nun zu
den Eiweißen.

Forellenfilets auf Pumpernickel

♦ Kohlenhydrate | Zubereitungszeit:
10 Min. | Für 2 Personen

Zutaten
2 geräucherte Forellenfilets
1 kleine Salatgurke
Meersalz
8 Pumpernickeltaler
2 EL Meerrettich aus dem Glas

1 Die Forellenfilets von den Gräten
befreien und in 8 kleine Stücke schneiden. Die Gurke schälen und 8 dünne
Scheiben davon abschneiden. Die restliche Gurke in 1 cm dicke Scheiben
schneiden und leicht salzen.
2 Die Pumpernickeltaler mit Meerrettich
bestreichen und mit den dünnen Gurkenscheiben und Forellenstücken belegen. Mit den dickeren Gurkenscheiben
zusammen anrichten.

Tipp: Heiß geräucherte Fische, z. B. Forelle, Makrele, Sprotten oder Heilbutt,
sind wegen ihres Fettgehalts neutral.
Die in ihnen enthaltenen wertvollen
Omega-3-Fettsäuren gelten als choles-
terinsenkend und haben nachweis-
lich eine Schutzwirkung auf Herz und
Gefäße.

Kartoffelgratin

Kartoffeln

Die vitaminreichen Knollen haben zwar eine etwas längere Garzeit, viele leckere Kartoffelgerichte können Sie jedoch schnell und einfach aus Kartoffeln vom Vortag zubereiten.

Pellkartoffeln mit Lachscreme

♦ Kohlenhydrate | Zubereitungszeit: 10 Min. | Kochzeit: 25 Min. Für 2 Personen

Zutaten
400 g kleine Kartoffeln
150 g Quark (20 % Fett i. Tr.)
150 g griechischer Joghurt
Meersalz, 2 EL gehackter Dill (TK)
100 g Räucherlachs

1 Die Kartoffeln waschen und in 20 bis 25 Minuten gar kochen.
2 Quark mit Joghurt verrühren. Leicht salzen und den Dill untermischen.
3 Den Lachs in kleine Streifen schneiden und unter den Quark rühren. Die Pellkartoffeln schälen und mit der Lachscreme servieren.

Kartoffelgratin

♦ Kohlenhydrate | Zubereitungszeit: 10 Min. | Backzeit: 15 Min. Für 2 Personen

Zutaten
400 g Pellkartoffeln vom Vortag
100 ml Gemüsebrühe
80 ml Sahne
100 g geriebener Greyerzer
1 TL Majoran
1 Msp. Chili
1 Zweig Majoran

1 Die Kartoffeln pellen, in dünne Scheiben schneiden und dachziegelartig in eine flache Auflaufform schichten. Den Backofen auf 200 °C vorheizen.
2 Die Gemüsebrühe mit der Sahne aufkochen. Die Hälfte des Käses untermischen und alles mit Majoran und Chili würzen.
3 Die Sauce über die Kartoffeln gießen. Den restlichen Käse gleichmäßig auf den Kartoffeln verteilen. Im Ofen etwa 15 Minuten überbacken. Mit einem Zweig Majoran verziert servieren.

Tipp: Essen Sie dazu einen Salat aus der neutralen Gruppe (siehe Seiten 32 bis 34).

Majorankartoffeln mit Eisbergsalat

♦ Kohlenhydrate | Zubereitungszeit:
20 Min. | Für 2 Personen

Zutaten
400 g gegarte Salzkartoffeln
1 kleine Zwiebel
2 1/2 EL Olivenöl
Kräutersalz, Pfeffer
1 TL Majoran
1 Eisbergsalat
100 g Maiskörner (TK)
1 EL Obstessig
2 EL Crème fraîche

1 Die Kartoffeln in Stücke schneiden. Die Zwiebel abziehen und fein hacken.
2 Die Zwiebelwürfel in einer Pfanne mit 2 Esslöffeln Öl andünsten. Die Kartoffeln hinzufügen, alles mit Kräutersalz, Pfeffer und Majoran würzen. Bei mittlerer Hitze so lange braten, bis die Kartoffeln goldgelb sind.
3 Den Salat putzen, waschen und in mundgerechte Stücke schneiden. Mit den aufgetauten Maiskörnern in einer Schüssel mischen. Das restliche Öl, Essig, Pfeffer und Salz zusammen mit 6 Esslöffeln Wasser verrühren. Die Salatsauce mit dem Salat vermischen.
4 Auf die gebratenen Kartoffeln einen Klecks Crème fraîche geben und zusammen mit dem Salat servieren.

Rosmarinkartoffeln mit Hüttenkäse

♦ Kohlenhydrate | Zubereitungszeit:
10 Min. | Backzeit: 20 Min.
Für 2 Personen

Zutaten
1 kleiner Zweig Rosmarin
400 g kleine Kartoffeln
1 1/2 EL Öl
Meersalz
2 große Paprikaschoten
300 g Hüttenkäse

1 Den Backofen auf 200 °C vorheizen. Die Rosmarinnadeln sehr fein hacken. Die Kartoffeln waschen und der Länge nach halbieren.
2 Ein Backblech mit Öl bestreichen. Rosmarin und Salz darauf verteilen und die Kartoffeln mit der Schnittfläche auf das Blech setzen. Auf der mittleren Schiene etwa 20 Minuten backen.
3 Die Paprikaschoten halbieren, putzen, waschen und in schmale Streifen schneiden. Die Kartoffeln zusammen mit dem Hüttenkäse und den Paprikastreifen servieren.

Folienkartoffeln mit Kräutersauce

♦ Kohlenhydrate | Zubereitungszeit:
20 Min. | Für 2 Personen

Zutaten
2 große Pellkartoffeln vom Vortag
250 g Quark (20 % Fett i. Tr.)
3 EL Mineralwasser
1 Päckchen Salatkräuter (TK)
Pfeffer
Kräutersalz
1 große Salatgurke
Meersalz

1 Den Backofen auf 200 °C vorheizen. Die Kartoffeln in Alufolie wickeln und im Backofen (Mitte, Umluft 180 °C) etwa 10 Minuten backen.
2 Den Quark mit dem Mineralwasser cremig verrühren. Die Kräuter unterrühren, mit Pfeffer und Salz würzen.
3 Die Gurke schälen, in dünne Scheiben schneiden und leicht salzen. Die Kartoffeln zur Hälfte einschneiden und auseinanderdrücken. Etwas Sauce hineingeben und zusammen mit den Gurkenscheiben servieren.

Kartoffel-Hering-Salat

♦ Kohlenhydrate | Zubereitungszeit:
20 Min. | Für 2 Personen

Zutaten
400 g kleine gegarte Pellkartoffeln
500 g Rote Bete (Vakuumpackung)
1 kleine Zwiebel
1 kleiner mürber Apfel
4 Matjesfilets
125 g Joghurt
2 EL saure Sahne
Pfeffer
Meersalz
1 EL Obstessig

1 Die Kartoffeln pellen. Kartoffeln und Rote Bete in kleine Würfel schneiden. Die Zwiebel abziehen und fein hacken. Den Apfel waschen, vierteln, entkernen und ebenfalls klein würfeln.
2 Von den Matjesfilets die kleinen Gräten entfernen, und den Fisch in kleine Stücke schneiden.
3 Kartoffel-, Rote-Bete-, Zwiebel- und Apfelwürfel und den Fisch in einer Schüssel mischen.
4 Joghurt mit der sauren Sahne cremig verrühren und mit Pfeffer, Salz und Essig würzen. Den Heringssalat mit der Salatsauce vermischen. Leicht gekühlt servieren.

Gebratene Kartoffeln mit Blumenkohl und Käse

♦ Kohlenhydrate | Zubereitungszeit: 20 Min. | Für 2 Personen

Zutaten
400 g gegarte Pellkartoffeln
700 g Blumenkohl (TK)
Meersalz
1 EL Butter
Pfeffer
100 g Greyerzer

1 Die Kartoffeln pellen und in Würfel schneiden.
2 Den Blumenkohl in wenig Salzwasser in 10 bis 12 Minuten bissfest garen, dann aus dem Wasser nehmen und gut abtropfen lassen.
3 Die Butter in einer beschichteten Pfanne schmelzen lassen. Kartoffeln und Blumenkohl dazugeben, mit Pfeffer und Salz würzen und unter gelegentlichem Schwenken von allen Seiten anbraten.
4 Mit dem Käse belegen und diesen zugedeckt bei schwacher Hitze schmelzen lassen.

Kartoffelbrei mit Sauerkraut und Putenlachsschinken

♦ Kohlenhydrate | Zubereitungszeit: 15 Min. | Kochzeit: 20 Min. Für 2 Personen

Zutaten
400 g Kartoffeln
1 TL Gemüsebrühe (instant)
5 EL Sahne
600 g Sauerkraut (frisch oder Konserve)
2 EL Holstener Liesl
80 g Putenlachsschinken in Scheiben

1 Die Kartoffeln waschen, schälen, vierteln, in einen Topf geben, knapp mit Wasser bedecken und zusammen mit der Gemüsebrühe in etwa 20 Minuten gar kochen. Anschließend im eigenen Kochwasser stampfen und mit der Sahne verfeinern.
2 Das Sauerkraut mit 6 Esslöffeln Wasser in einen Topf geben und zugedeckt etwa 5 Minuten leise kochen lassen. Die Holstener Liesl einrühren und im Kraut schmelzen lassen.
3 Kartoffelbrei und Kraut zusammen mit dem Putenlachsschinken servieren.

Tipp: Die Holstener Liesl ist ein würziger Brotaufstrich aus hochwertigen Pflanzenfetten. Sie ist zum Schmelzen geeignet, nicht aber zum Backen und Braten. Erhältlich im Reformhaus.

Bratkartoffeln mit Ziegenfrischkäse

♦ Kohlenhydrate | Zubereitungszeit:
15 Min. | Für 2 Personen

Zutaten
400 g gekochte Pellkartoffeln
vom Vortag
1 EL Butter
Pfeffer
Kräutersalz
100 g Ziegenfrischkäse
1 TL Rosenpaprika

1 Die Kartoffeln pellen und in kleine
  Würfel schneiden.
2 Die Butter in einer beschichteten Pfanne schmelzen lassen, und die Kartoffel-
  würfel darin knusprig braten. Mit Pfeffer und Salz würzen.
3 Den Käse auf die Kartoffeln geben und
  leicht anschmelzen lassen. Mit dem
  Paprikapulver bestäubt servieren.

Tipp: Essen Sie zu den Bratkartoffeln
  einen Salat aus der neutralen Gruppe
  (siehe Seiten 32 bis 34), oder schneiden Sie sich einfach ein paar Tomaten
  oder Gurken dazu auf. Diese Beilage
  gleicht den Säure-Basen-Haushalt aus.

Schweizer Raclettepfanne

♦ Kohlenhydrate | Zubereitungszeit:
20 Min. | Für 2 Personen

Zutaten
400 g Pellkartoffeln vom Vortag
80 g roher Rinderschinken am Stück
1 EL Öl
Pfeffer
Meersalz
1 TL Rosmarin
1 TL Thymian
150 g Schweizer Raclettekäse

1 Die Kartoffeln pellen und grob würfeln. Den Schinken in kleine Würfel
  schneiden.
2 Das Öl in einer beschichteten Pfanne
  erhitzen und die Kartoffeln bei starker
  Hitze unter Wenden braten. Mit
  Pfeffer, Salz, Rosmarin und Thymian
  würzen.
3 Den Käse in kleine Stücke schneiden,
  gleichmäßig auf den Kartoffeln verteilen und die Pfanne mit einem Deckel
  schließen. Bei geringer Hitze den Käse
  schmelzen lassen. Mit den Schinken-
  würfeln bestreut servieren.

Tipp: Essen Sie dazu einen Blattsalat
  aus der neutralen Gruppe (siehe Seiten
  32 und 33).

Rigatoni mit grünem Spargel

Pasta & Reis

Nudel- und Reisgerichte sind ideal für Trennkost-Fans mit wenig Zeit zum Kochen: Sie lassen sich schnell zubereiten, schmecken köstlich und sind, z.B. mit basenreichem Gemüse kombiniert, gesunde Sattmacher.

Makkaroni mit Walnusssauce

♦ Kohlenhydrate | Zubereitungszeit: 20 Min. | Für 2 Personen

Zutaten
160 g Makkaroni (ohne Ei)
Meersalz, 50 g Walnüsse
2 EL geriebener Parmesan
2 EL Olivenöl, 2–3 Knoblauchzehen
3–4 EL gehackte Basilikumblättchen

1 Die Nudeln in reichlich Salzwasser bissfest garen. Die Nüsse mit dem Käse, dem Olivenöl, 8 Esslöffeln Nudelwasser und dem geschälten Knoblauch mit dem Mixstab pürieren.
2 Die Nudeln abgießen und heiß mit der Sauce verrühren. Mit den Basilikumblättchen bestreut servieren.

Rigatoni mit grünem Spargel

♦ Kohlenhydrate | Zubereitungszeit: 20 Min. | Für 2 Personen

Zutaten
160 g Rigatoni (ohne Ei)
Meersalz
400 g grüner Spargel (TK)
1 kleines Bund Rucola
1 Tomate
3 EL Sahne
Pfeffer
1 TL getrockneter Thymian
3 EL frisch geriebener Parmesan

1 Die Nudeln in reichlich leicht gesalzenem Wasser bissfest garen, anschließend abgießen und gut abtropfen lassen. Etwas Nudelwasser beiseitestellen.
2 Den Spargel in kochendem Wasser 3 bis 4 Minuten blanchieren, aus dem Wasser heben und eiskalt abbrausen. Rucola verlesen und waschen. Die Tomate mit kochendem Wasser überbrühen, schälen und in kleine Stücke schneiden.
3 Für die Sauce die Sahne mit 3 bis 4 Esslöffeln Nudelwasser verrühren. Mit Pfeffer, Salz und Thymian würzen. Die Sauce mit den Nudeln mischen. Spargel, Rucola und Tomatenstücke dazugeben. Mit dem Parmesan bestreut servieren.

Spiralnudeln mit Zwiebeln und Käse

♦ Kohlenhydrate | Zubereitungszeit:
20 Min. | Für 2 Personen

Zutaten
160 g Spiralnudeln (ohne Ei)
Meersalz
1 EL Öl
125 g Zwiebelwürfel (TK)
Pfeffer
80 g geriebener Greyerzer
2 EL gehackte Petersilie (TK)

1 Die Nudeln in reichlich leicht gesalzenem Wasser bissfest garen, abgießen
und gut abtropfen lassen.
2 In der Zwischenzeit das Öl in einer
Pfanne erhitzen und die Zwiebelwürfel
darin goldgelb braten. Die Nudeln zu
den Zwiebeln geben und kurze Zeit
unter Rühren mitbraten. Mit Pfeffer
und Salz würzen.
3 Den Käse über die Nudeln streuen.
Die Pfanne mit einem Deckel schließen, und den Käse bei geringer Hitze
schmelzen lassen. Mit der Petersilie
bestreut servieren.

Tipp: Essen Sie dazu einen neutralen
Salat (siehe Seiten 32 bis 34).

Pasta con Pesto

♦ Kohlenhydrate | Zubereitungszeit:
15 Min. | Für 2 Personen

Zutaten
160 g Hartweizennudeln (ohne Ei),
z. B. Tagliatelle
Meersalz
2–3 EL Pesto aus dem Glas
500 g Tomaten
Pfeffer

1 Die Nudeln in reichlich leicht gesalzenem Wasser bissfest garen. Dann
abgießen und gut abtropfen lassen. Die
Nudeln mit dem Pesto mischen.
2 Die Tomaten waschen, die Stielansätze
entfernen und das Fruchtfleisch in
schmale Spalten schneiden. Mit Pfeffer
und Salz würzen. Zusammen mit den
Nudeln servieren.

Tipp: Um Pesto für etwa zehn Portionen
selbst herzustellen, nehmen Sie eine
Handvoll frische Basilikumblätter, zwei
bis drei geschälte Knoblauchzehen,
2 bis 3 Esslöffel geriebenen Parmesan,
1 Esslöffel Pinienkerne, 50 Gramm flüs-
sige Butter und 100 Milliliter Olivenöl.
Alles mit dem Mixstab fein pürieren.
Übriggebliebenes Pesto ist eine ganze
Weile in einem geschlossenen Gefäß im
Kühlschrank haltbar.

Tagliatelle mit Pfifferlingen

♦ Kohlenhydrate | Zubereitungszeit:
20 Min. | Für 2 Personen

Zutaten
160 g Tagliatelle (ohne Ei)
Meersalz
1 EL Öl
2 EL Zwiebelwürfel (TK)
250 g Pfifferlinge (TK), ersatzweise
Mischpilze oder Champignons
Pfeffer
Meersalz
2 EL gehackte Petersilie (TK)

1 Die Nudeln in reichlich leicht gesalzenem Wasser bissfest garen.
2 Das Öl in einer Pfanne erhitzen und die Zwiebelwürfel darin glasig dünsten. Die Pilze dazugeben und bei starker Hitze unter Rühren 5 Minuten braten.
3 Die Nudeln in einem Sieb abgießen und mit den Pilzen mischen. Alles mit Pfeffer und Salz würzen. Mit der gehackten Petersilie bestreut servieren.

Tipp: Essen Sie dazu einen neutralen Salat (siehe Seiten 32 bis 34).

Nudeln mit Rucola-Joghurt-Sauce

♦ Kohlenhydrate | Zubereitungszeit:
20 Min. | Für 2 Personen

Zutaten
160 g Hartweizennudeln (ohne Ei),
z. B. Penne
Meersalz
30 g Pinienkerne
1 Bund Rucola
40 g Parmesan
125 g Joghurt
1 EL Olivenöl
1–2 geschälte Knoblauchzehen

1 Die Nudeln in reichlich leicht gesalzenem Wasser bissfest garen.
2 Die Pinienkerne in einer Pfanne ohne Fett kürz rösten. Vom Rucola die harten Stiele entfernen und die Blättchen waschen. Rucola, Parmesan, Joghurt, Olivenöl, Knoblauch, Salz und die Hälfte der Pinienkerne mit dem Mixstab pürieren.
3 Die Nudeln in einem Sieb abgießen und mit der Sauce vermischen. Sofort mit den restlichen Pinienkernen bestreut servieren.

Tipp: Essen Sie dazu einen neutralen Salat (siehe Seiten 32 bis 34).

Bunter Nudelsalat

♦ Kohlenhydrate | Zubereitungszeit:
20 Min. | Für 2 Personen

Zutaten
160 g Hartweizennudeln (ohne Ei),
z. B. Spiralnudeln
Meersalz
200 g Erbsen und Möhren (TK)
1 kleine rote Paprikaschote
100 g Rindersalami am Stück
2 EL Crème fraîche
150 g griechischer Joghurt
1 EL Apfelessig
Kräutersalz
2 EL gehackte Petersilie (TK)

1 Die Nudeln in reichlich leicht gesalzenem Wasser bissfest garen, dann abgießen und abtropfen lassen.
2 Möhren und Erbsen in wenig leicht
gesalzenem Wasser in 8 bis 10 Minuten
gar dünsten.
3 Die Paprikaschote halbieren, entkernen, waschen und fein würfeln. Die
Salami in kleine Würfel schneiden.
4 Crème fraîche, Joghurt und Apfelessig
cremig verrühren. Die Sauce mit den
abgetropften Möhren und Erbsen, den
Paprikawürfeln, der Salami und den
Nudeln mischen und alles mit dem
Kräutersalz würzen. Mit der gehackten
Petersilie bestreuen.

Warmer spanischer Nudelsalat

♦ Kohlenhydrate | Zubereitungszeit:
20 Min. | Für 2 Personen

Zutaten
160 g Hartweizennudeln (ohne Ei),
z. B. Trulli-Nudeln
Meersalz
1 EL Olivenöl
100 g Lauch (TK)
3 EL Mais (TK)
2 mittelgroße Fleischtomaten
Pfeffer
12 schwarze Oliven ohne Stein

1 Die Nudeln in reichlich leicht gesalzenem Wasser bissfest garen, in ein Sieb
abgießen und abtropfen lassen.
2 Das Olivenöl in einer Pfanne erhitzen.
Lauchstreifen und Mais darin unter
Rühren 2 bis 3 Minuten braten.
Nudeln unterrühren, dann alles von
der Kochstelle nehmen.
3 Die Tomaten waschen, Stielansätze
entfernen und das Fruchtfleisch in
kleine Stücke schneiden. Mit den
Nudeln mischen. Alles mit Pfeffer und
Salz würzen und mit den Oliven garniert servieren.

Schlesische Mohnnudeln

♦ Kohlenhydrate | Zubereitungszeit:
20 Min. | Für 2 Personen

Zutaten
160 g Bandnudeln (ohne Ei)
2 EL Rosinen
1 TL Butter
4 EL Sojacreme
3 EL fein gemahlener Mohn
2 EL gehackte Nüsse, z. B. Mandeln,
Hasel- oder Walnüsse
1 EL Honig

1 Die Nudeln in reichlich leicht gesalzenem Wasser bissfest garen, dann abgießen und abtropfen lassen.
2 Die Rosinen mit heißem Wasser übergießen, 2 Minuten ziehen lassen, dann abgießen.
3 Die Butter in einer Pfanne schmelzen lassen. Sojacreme, Mohn, Nüsse, Rosinen und Honig dazugeben und unter Rühren kurz erhitzen. Mit den Nudeln vermischen und sofort servieren.

Tipp: Schlesische Mohnnudeln sind ausgezeichnete Energiespender, allerdings auch sehr gehaltvoll. Darum sollte Ihre nächste Mahlzeit zum Ausgleich reichlich Gemüse, Salat oder Rohkost enthalten.

Süße Apfelnudeln

♦ Kohlenhydrate | Zubereitungszeit:
20 Min. | Für 2 Personen

Zutaten
160 g schmale Bandnudeln (ohne Ei)
2 EL Rosinen
1 abgelagerter, mürber Apfel
1 EL Butter
2 TL flüssiger Honig
2 TL Zimt

1 Die Nudeln in reichlich leicht gesalzenem Wasser bissfest garen, dann abgießen und abtropfen lassen.
2 Die Rosinen mit heißem Wasser übergießen, 2 Minuten ziehen lassen, dann abgießen. Den Apfel schälen, vierteln, das Kerngehäuse herausschneiden und die Viertel in kleine Würfel schneiden.
3 Die Butter in einer Pfanne schmelzen lassen und die Apfelstücke darin braten. Mit dem Honig süßen und die Rosinen unterrühren. Alles mit den Nudeln mischen und mit dem Zimt bestäubt servieren.

Tipp: Ein abgelagerter, etwas mürber Apfel hat, im Gegensatz zum frischen, seine Fruchtsäure verloren und Kohlenhydrate gebildet. Er eignet sich daher ideal für eine Kohlenhydratmahlzeit.

Knoblauchspaghetti mit Brokkoli

Knoblauchspaghetti mit Brokkoli

♦ Kohlenhydrate | Zubereitungszeit:
20 Min. | Für 2 Personen

Zutaten
2–3 Knoblauchzehen
1 haselnussgroßes Stück Ingwer
500 g Brokkoli (TK)
160 g Spaghetti (ohne Ei)
Meersalz
1 EL Öl, 5 EL Sojacreme
Pfeffer, Kräutersalz
1 TL zerstoßene Rosa Beeren
3 EL geriebener Parmesan

1 Knoblauch abziehen, Ingwer schälen und beides fein hacken.
2 Den Brokkoli in einen Topf geben, mit Wasser bedecken, aufkochen lassen und zugedeckt in 5 bis 6 Minuten bissfest garen. Anschließend aus dem Wasser nehmen und beiseitestellen.
3 Die Nudeln in reichlich leicht gesalzenem Wasser bissfest garen, dann abgießen und gut abtropfen lassen.
4 Das Öl in einer Pfanne erhitzen. Knoblauch und Ingwer dazugeben und unter Rühren scharf anbraten. Brokkoli und Nudeln unterrühren. Die Sojacreme dazugießen und mit Pfeffer, Kräutersalz und Rosa Beeren fein würzen. Mit dem Parmesankäse bestreut servieren.

Tagliatelle süditalienisch

♦ Kohlenhydrate | Zubereitungszeit:
15 Min. | Für 2 Personen

Zutaten
160 g Tagliatelle (ohne Ei)
Meersalz
1 Eigelb
4 EL Sahne
4 EL Nudelwasser
3 EL geriebener Parmesan
1–2 Knoblauchzehen, gepresst
Pfeffer
Meersalz
1 EL frischer oder 1 TL getrockneter Thymian

1 Die Nudeln in reichlich leicht gesalzenem Wasser bissfest garen. Anschließend abgießen und gut abtropfen lassen. Etwas Nudelwasser beiseitestellen.
2 Das Eigelb mit der Sahne, dem Nudelwasser, 2 Esslöffeln Parmesan, Knoblauch, Pfeffer, Salz und Thymian cremig verrühren. Die Sauce zusammen mit den Nudeln in eine Pfanne geben und unter Rühren einmal kurz erhitzen. Mit dem restlichen Käse bestreut servieren.

Tipp: Essen Sie dazu einen neutralen Salat (siehe Seiten 32 bis 34).

China-Mix-Reis

♦ Kohlenhydrate | Zubereitungszeit: 20 Min. | Für 2 Personen

Zutaten
Meersalz
120 g Naturreis (10 Minuten)
600 g Gemüsemischung China Mix (TK)
Pfeffer
3 EL Sojasauce
12 Cashewkerne

1 Reichlich leicht gesalzenes Wasser in einem Topf zum Kochen bringen. Reis dazugeben und zugedeckt 10 Minuten bei schwacher Hitze kochen lassen. Reis abgießen und gut abtropfen lassen.
2 Das Gemüse nach Packungsangabe zubereiten. Den Reis untermischen. Mit Pfeffer, Meersalz und Sojasauce würzen.
3 Das Reisgericht mit den Cashewkernen bestreut servieren.

Tipp: Wenn Sie tagsüber wenig Zeit haben, waschen Sie den Reis am Vortag und weichen ihn über Nacht in Wasser ein. Lassen Sie ihn am nächsten Morgen kurz aufkochen. Wickeln Sie den geschlossenen Topf in ein Handtuch und eine Decke. Sie können den gegarten Reis dann sofort verwenden.

Curryreis mit Zucchini

♦ Kohlenhydrate | Zubereitungszeit: 20 Min. | Für 2 Personen

Zutaten
Meersalz
120 g Naturreis (10 Minuten)
600 g Zucchini
1 EL Öl
1 TL Curry
2 EL Sojasauce
Pfeffer
2 EL gehackte Petersilie (TK)

1 Reichlich leicht gesalzenes Wasser in einem Topf zum Kochen bringen. Reis dazugeben und zugedeckt 10 Minuten bei schwacher Hitze kochen lassen. Reis abgießen und gut abtropfen lassen.
2 Die Zucchini waschen, Blüten- und Stielansätze entfernen und das Gemüse in kleine Würfel schneiden. Das Öl in einer beschichteten Pfanne erhitzen und die Zucchiniwürfel darin unter Rühren kräftig anbraten.
3 Den Reis unterrühren und alles mit Curry, Sojasauce, Salz und Pfeffer würzen. Mit der gehackten Petersilie bestreut servieren.

Spargel-Pilz-Reis

♦ Kohlenhydrate | Zubereitungszeit:
20 Min. | Für 2 Personen

Zutaten
Meersalz
120 g Naturreis (10 Minuten)
300 g grüner Spargel (TK)
200 g Pilzmischung (TK)
1 EL Butter
Pfeffer
Worcestersauce
2 EL gehackte Petersilie (TK)

1 Reichlich leicht gesalzenes Wasser in einem Topf zum Kochen bringen. Reis dazugeben und zugedeckt 10 Minuten bei schwacher Hitze kochen lassen. Reis abgießen und gut abtropfen lassen.
2 Den Spargel in Stücke schneiden.
3 Spargelstücke und Pilze mit der Butter in einer beschichteten Pfanne unter Wenden zart braun braten.
4 Den abgetropften Reis unterrühren und alles mit Pfeffer, Salz und einigen Spritzern Worcestersauce würzen. Mit der Petersilie bestreut servieren.

Tipp: Frischen grünen Spargel brauchen Sie nicht zu schälen. Lediglich der untere Teil ist holzig und sollte entfernt werden. Er kann als Suppengrundlage verwendet werden.

Reisgratin

♦ Kohlenhydrate | Zubereitungszeit:
15 Min. | Backzeit: 15 Min.
Für 2 Personen

Zutaten
Meersalz
120 g Naturreis (10 Minuten)
1 EL Öl
1 EL Zwiebelwürfel (TK)
200 g Champignons in Scheiben (TK)
300 g rote Paprikastreifen (TK)
2 TL Curry
1 Msp. Cayennepfeffer
100 g geriebener Greyerzer

1 Reichlich leicht gesalzenes Wasser in einem Topf zum Kochen bringen. Reis dazugeben und zugedeckt 10 Minuten bei schwacher Hitze kochen lassen. Reis abgießen und gut abtropfen lassen.
2 Das Öl in einer Pfanne erhitzen. Zwiebelwürfel, Pilze und Paprikastreifen darin unter Rühren dünsten. Den Backofen auf 160 °C vorheizen.
3 Den Reis unter das Gemüse rühren. Mit Salz, Curry und Cayennepfeffer würzen. Die Mischung in eine Auflaufform füllen, den Käse gleichmäßig darauf verteilen und im Ofen 12 bis 15 Minuten überbacken.

Fleisch & Geflügel

Fleischgerichte gehören zu den Eiweißmahlzeiten und werden daher am besten mit neutralem Salat oder Gemüse kombiniert. So sind sie wunderbar bekömmlich und verursachen kein unangenehmes Völlegefühl.

Apfelrotkohl mit Bratwurst

♦ Eiweiß | Zubereitungszeit: 15 Min.
Für 2 Personen

Zutaten
700 g Apfelrotkohl (TK)
2 TL Öl
4 Geflügelbratwürste
2 TL Senf

1 Das Gemüse zusammen mit 3 Esslöffeln Wasser in einem Topf bei geringer Hitze auftauen lassen. Anschließend einmal aufkochen.
2 In der Zwischenzeit das Öl in einer Pfanne erhitzen und die Bratwürste darin von allen Seiten braun braten. Zusammen mit dem Senf und dem Gemüse servieren.

Buntes Gurkengemüse mit Geflügelsülze

♦ Eiweiß | Zubereitungszeit: 20 Min.
Für 2 Personen

Zutaten
1 Salatgurke
1 EL Öl
2 EL Zwiebelwürfel (TK)
200 g gemischte Paprikastreifen (TK)
Pfeffer
Meersalz
1 EL saure Sahne
3 EL gehackter Dill (TK)
2 Scheiben Geflügelsülze à 100 g

1 Die Gurke schälen, der Länge nach halbieren und das Fruchtfleisch in kleine Stücke schneiden.
2 Das Öl in einer beschichteten Pfanne erhitzen und die Zwiebelwürfel darin glasig dünsten. Gurkenstücke und Paprikastreifen dazugeben, mit Pfeffer und Salz würzen und unter Rühren 5 bis 8 Minuten schmoren lassen.
3 Die saure Sahne unterrühren und alles mit dem Dill bestreuen. Zusammen mit der Geflügelsülze servieren.

Roastbeef mit Paprika-Mais-Salat

◆ Eiweiß | Zubereitungszeit: 15 Min.
Für 2 Personen

Zutaten
300 g grüne Paprikastreifen (TK)
200 g Maiskörner (TK)
2 Tomaten
1 EL Balsamico-Essig
1 EL Öl
Pfeffer
Meersalz
160 g Roastbeef in dünnen Scheiben
2 TL Meerrettich aus dem Glas

1 Paprika und Mais auftauen lassen.
2 Die Tomaten waschen, von den Stiel-
ansätzen befreien und in kleine Würfel
schneiden. Paprika, Mais und die
Tomatenwürfel in einer Schüssel
mischen und mit Essig, Öl, Pfeffer und
Salz würzen.
3 Die Roastbeefscheiben dekorativ auf
zwei Teller legen. Zusammen mit dem
Salat und Meerrettich servieren.

Kümmelkraut mit gebackenem Leberkäse

◆ Eiweiß | Zubereitungszeit: 15 Min.
Für 2 Personen

Zutaten
2 TL Sonnenblumenöl
2 EL Zwiebelwürfel (TK)
600 g Sauerkraut
1 TL Kümmel
2 Scheiben Geflügelleberkäse à 125 g

1 1 Teelöffel Öl in einem Topf erhitzen
und die Zwiebelwürfel darin glasig
dünsten.
2 Das Sauerkraut zu den Zwiebeln
geben und leicht anbraten. 100 Milliliter Wasser angießen, das Kraut mit
dem Kümmel würzen und alles zugedeckt etwa 10 Minuten leise kochen
lassen.
3 Das restliche Öl in einer Pfanne erhitzen und den Leberkäse darin von beiden Seiten braten. Zusammen mit dem
Kraut servieren.

Tipp: Leberkäse, auch Fleischkäse
genannt, gibt es in verschiedenen
Varianten vom Schwein, Kalb oder
Geflügel. Entscheiden Sie selbst, welche Art von Fleischkäse Sie essen
möchten.

Kalbsschnitzel sizilianisch

Kalbsschnitzel sizilianisch

♦ Eiweiß | Zubereitungszeit: 20 Min
  Für 2 Personen

Zutaten
4 dünne Kalbsschnitzel à 90 g
Pfeffer, Meersalz
1 TL Oregano
1–2 Knoblauchzehen, ungeschält
1 EL Butter
2 EL Zwiebelwürfel (TK)
200 g Champignons in Scheiben (TK)
400 g Paprikastreifen (TK)
100 ml trockener Weißwein
einige Blättchen Basilikum

1 Das Fleisch waschen, trocken tupfen, mit Pfeffer, Salz und Oregano würzen.
2 Den Knoblauch in einer Pfanne mit Butter kurz braten, dann aus der Pfanne nehmen. Die Schnitzel von jeder Seite 2 Minuten braten, herausnehmen.
3 Zwiebelwürfel, Champignons und Paprika im restlichen Bratfett unter Rühren dünsten. Den Wein dazugießen, bei mittlerer Hitze kochen, bis sich die Flüssigkeit auf die Hälfte reduziert hat. Mit Pfeffer und Salz würzen. Knoblauch aus der Schale drücken und zusammen mit dem Fleisch zum Gemüse geben. Kurz erwärmen.
4 Mit Basilikum garniert servieren.

Saltimbocca mit Champignon-Lauch-Gemüse

♦ Eiweiß | Zubereitungszeit: 20 Min.
  Für 2 Personen

Zutaten
300 g Champignons in Scheiben (TK)
300 g Lauch (TK)
1 EL Öl
Pfeffer, Meersalz
4 dünne Kalbsschnitzel à 90 g
1 EL Butter, 12 Salbeiblätter
4 Scheiben Rinderschinken
2 EL Rotwein

1 Die gefrorenen Champignons und den Lauch in einer Pfanne mit Öl unter Rühren kräftig anbraten. Mit Pfeffer und Salz würzen und 8 bis 10 Minuten schmoren lassen.
2 Die Kalbsschnitzel flach klopfen. Salbeiblätter und Schinken in einer Pfanne mit Butter kurz braten, aus der Pfanne nehmen.
3 Das Fleisch im restlichen Bratfett von jeder Seite etwa 2 Minuten braten. Mit Pfeffer und Salz würzen, dann aus der Pfanne nehmen. Schinken und Salbei auf dem Fleisch verteilen.
4 Den Bratfond mit dem Rotwein und 1 Esslöffel Wasser löschen. Das Gemüse zusammen mit dem Fleisch und der Sauce servieren.

Brathähnchen mit Gurkengemüse

♦ Eiweiß | Zubereitungszeit: 15 Min.
 Für 2 Personen

Zutaten
1 große Salatgurke
1 TL Öl
2 EL Zwiebelwürfel (TK)
2 EL saure Sahne
Pfeffer
Meersalz
2 EL gehackter Dill (TK)
2 halbe gegrillte Hähnchen

1 Die Gurke schälen und in kleine Würfel schneiden.
2 Das Öl in einer Pfanne erhitzen und die Zwiebelwürfel darin unter Rühren glasig dünsten. Die Gurkenwürfel dazugeben und unter Rühren etwa 5 Minuten schmoren lassen.
3 Die Sahne unterrühren, mit Pfeffer und Salz würzen und mit dem gehackten Dill bestreuen. Zusammen mit den halben Hähnchen servieren.

Tipp: Bereiten Sie das Gurkengemüse rechtzeitig zu, damit es fertig ist, bevor Sie das Grillhähnchen besorgen.

Frikadellen mit Erbsen-Möhren-Gemüse

♦ Eiweiß | Zubereitungszeit: 15 Min.
 Für 2 Personen

Zutaten
1 EL Butter
600 g Erbsen-Möhren-Gemüse (TK)
100 ml Gemüsebrühe
Pfeffer, Meersalz
2 EL gehackte Petersilie (TK)
2 fertige Frikadellen, 2 TL Senf

1 Die Butter in einem Topf schmelzen lassen und das Gemüse darin unter Rühren andünsten. Die Brühe zugießen und zugedeckt etwa 10 Minuten leise kochen lassen. Mit Pfeffer und Salz abschmecken.
2 Das Gemüse mit der gehackten Petersilie bestreuen und zusammen mit den Frikadellen und dem Senf servieren.

Tipp: Fertig gekaufte Frikadellen enthalten meist etwas Semmelmehl. Besser ist es daher, kohlenhydratarme Frikadellen selbst herzustellen. Hier ein schnelles Rezept:
350 Gramm Rinderhackfleisch zusammen mit 1 Esslöffel saurer Sahne, 1 Ei, Pfeffer, Salz und Paprikapulver mischen. Aus dem Fleischteig vier Frikadellen formen und diese im heißen Fett braun braten.

Hüftsteaks mit Mischgemüse

♦ Eiweiß | Zubereitungszeit: 20 Min.
Für 2 Personen

Zutaten
100 ml Gemüsebrühe
700 g Mischgemüse, z. B. Kaiserschoten
mit Babymöhren (TK)
1 EL Butter
2 Rinderhüftsteaks
1 EL Öl
2 EL Joghurt
50 ml frisch gepresster Orangensaft
frischer Pfeffer aus der Mühle
Meersalz

1 Die Gemüsebrühe zum Kochen bringen, das tiefgefrorene Gemüse mit der
Butter hinzufügen und zugedeckt in
8 bis 10 Minuten garen.
2 Das Fleisch kalt waschen und trocken
tupfen. Mit dem Fleischklopfer von
beiden Seiten flach klopfen, dann die
Steaks wieder in ihre Ausgangsform
zusammendrücken.
3 Das Öl in einer beschichteten Pfanne
erhitzen und das Fleisch darin von
jeder Seite etwa 3 bis 4 Minuten braten,
dann zur Seite schieben. Joghurt und
Orangensaft in den Bratfond rühren.
Mit Pfeffer und Salz würzen und
zusammen mit dem Gemüse servieren.

Rindergeschnetzeltes mit buntem Gemüse

♦ Eiweiß | Zubereitungszeit: 20 Min.
Für 2 Personen

Zutaten
300 g Rindfleisch aus der Hüfte
300 g Paprikastreifen (TK)
350 g Brokkoli (TK)
1 EL Öl
5 EL Sojasauce
Pfeffer
100 g Sprossen, z. B. Sojabohnensprossen

1 Das Fleisch in schmale Streifen schneiden. Paprika und Brokkoli in kochendem Wasser 2 bis 3 Minuten blanchieren, dann aus dem Wasser nehmen
und gut abtropfen lassen.
2 Das Öl in einem Wok oder einer Pfanne erhitzen. Das Fleisch darin unter
Rühren kräftig anbraten.
3 Das Gemüse dazugeben und weitere
3 bis 4 Minuten braten. Mit der Sojasauce und Pfeffer würzen. Mit den
Sprossen bestreut servieren.

Grüne-Bohnen-Eintopf mit Hackfleisch

♦ Eiweiß | Zubereitungszeit: 20 Min.
 Für 2 Personen

Zutaten
Meersalz
500 g grüne Bohnen (TK)
1 Zweig Bohnenkraut oder
1 TL getrocknetes Bohnenkraut
1 EL Öl
300 g Rinderhackfleisch
300 g Tomatenstücke (Konserve)
1–2 EL Tomatenmark
100 ml Gemüsebrühe
1 Msp. Chili
1 TL Thymian

1 Salzwasser zum Kochen bringen. Bohnen und Bohnenkraut dazugeben und die Bohnen in 8 bis 10 Minuten bissfest garen. Gemüsewasser abgießen und das Bohnenkraut entfernen.
2 Das Öl in einem Topf erhitzen und das Hackfleisch darin krümelig anbraten.
3 Die Tomatenstücke, Tomatenmark und Bohnen dazugeben und mit der Gemüsebrühe auffüllen. Mit etwas Salz, Chili und Thymian würzen. Zugedeckt 3 bis 5 Minuten leise kochen lassen. Heiß servieren.

Brokkoli und Blumenkohl mit Hackfleischsauce

♦ Eiweiß | Zubereitungszeit: 20 Min.
 Für 2 Personen

Zutaten
300 g Brokkoli (TK)
300 g Blumenkohl (TK)
Meersalz
2 EL Zwiebelwürfel (TK)
1 EL Öl
300 g Rinderhackfleisch
400 g Tomatenstücke (Konserve)
1 EL Gemüsebrühe (instant)
je 1 TL Oregano und Rosmarin
Paprikapulver, edelsüß
1 Msp. Cayennepfeffer
2 EL saure Sahne

1 Brokkoli und Blumenkohl in Salzwasser nach Packungsangaben garen.
2 Die Zwiebelwürfel in einer Pfanne mit dem Öl glasig dünsten. Das Hackfleisch dazugeben und scharf anbraten.
3 Die Tomatenstücke unterrühren und alles aufkochen lassen, mit etwas Wasser verdünnen. Die Hackfleischsauce mit der Gemüsebrühe und den Gewürzen abschmecken und mit der sauren Sahne verfeinern.
4 Das abgetropfte Gemüse zusammen mit der Sauce servieren.

Lammkoteletts mit Ofenpaprika

♦ Eiweiß | Zubereitungszeit: 20 Min.
Für 2 Personen

Zutaten
2–3 Knoblauchzehen
3 Paprikaschoten
2 1/2 EL Olivenöl
Meersalz
6 Lammkoteletts
Pfeffer

1 Den Knoblauch abziehen und fein hacken. Die Paprikaschoten waschen, halbieren, entkernen und in breite Streifen schneiden.
2 Das Gemüse auf ein Backblech legen, mit 2 Esslöffeln Öl beträufeln, salzen und mit der Hälfte des Knoblauchs würzen. Im Backofen bei 180 °C etwa 12 bis 15 Minuten garen.
3 Das Fleisch mit kaltem Wasser abspülen, trocken tupfen. Mit Pfeffer, Salz und Knoblauch würzen.
4 Das restliche Öl in einer Pfanne erhitzen und die Lammkoteletts darin von jeder Seite 3 bis 4 Minuten braten. Zusammen mit den Paprikastreifen servieren.

Rotkohl mit Geflügelleber

♦ Eiweiß | Zubereitungszeit: 20 Min.
Für 2 Personen

Zutaten
600 g Rotkohl (TK)
1 kleiner säuerlicher Apfel
350 g Geflügelleber
1 EL Öl
3 EL Zwiebelwürfel (TK)
50 ml Rotwein
2 EL Sahne
Pfeffer, Meersalz

1 Das Gemüse zusammen mit 3 Esslöffeln Wasser bei geringer Hitze auftauen lassen. Anschließend einmal aufkochen.
2 Den Apfel schälen, das Kerngehäuse entfernen und das Fruchtfleisch in Würfel schneiden. Die Leber in breite Streifen schneiden.
3 Die Zwiebel- und Apfelwürfel in einer Pfanne mit Öl unter Rühren anbraten. Die Leber dazugeben und von beiden Seiten scharf anbraten. Den Rotwein zugießen und bei mittlerer Hitze 3 bis 5 Minuten leise kochen lassen.
4 Die Sauce mit der Sahne verfeinern und mit Pfeffer und Salz abschmecken. Zusammen mit dem Rotkohl servieren.

Pfefferrahmschnitzel mit Bohnensalat

Pfefferrahmschnitzel mit Bohnensalat

♦ Eiweiß | Zubereitungszeit: 20 Min.
Für 2 Personen

Zutaten
700 g grüne Bohnen (TK)
Meersalz
1 EL Essig, 2 EL Öl
1 kleine rote Zwiebel, Pfeffer
2 Schnitzel à 150 g, z.B. Hähnchen,
Pute oder Kalb
6 EL Sahne
1–2 EL grüne und rote Pfefferkörner

1 Bohnen in Salzwasser in 10 bis 12 Minuten garen. Anschließend das Gemüse aus dem Wasser nehmen.
2 Zwiebel abziehen und fein hacken. Essig, 1 Esslöffel Öl, 4 Esslöffel Bohnenbrühe und die Zwiebelwürfel miteinander verrühren. Die Bohnen mit dem Dressing, Pfeffer und Salz mischen und kalt stellen.
3 Die Schnitzel waschen, trocken tupfen und mit Pfeffer und Salz würzen. Das restliche Öl in einer Pfanne erhitzen. Das Fleisch darin von jeder Seite etwa 3 bis 4 Minuten braten. Sahne und 5 Esslöffel Wasser angießen, kurz aufkochen lassen und die Pfefferkörner dazugeben. Zusammen mit dem Bohnensalat servieren.

Schinken-Käse-Schnitzel mit Chicorée

♦ Eiweiß | Zubereitungszeit: 20 Min.
Für 2 Personen

Zutaten
2 Hähnchenschnitzel à 180 g
Pfeffer
Meersalz
2 EL Sonnenblumenöl
2 Scheiben Rinderschinken
50 g Käse zum Überbacken,
z.B. Gouda oder Edamer
3 Stauden Chicorée
1 EL feiner Essig, z.B. weißer
Balsamico-Essig

1 Die Hähnchenschnitzel mit Pfeffer und Salz würzen.
2 Die Hähnchenschnitzel in der Pfanne mit 1 Esslöffel Öl 3 bis 4 Minuten braten, dann wenden, mit dem Schinken und dem Käse belegen. Die Pfanne mit einem Deckel schließen und bei geringer Hitze weitere 5 Minuten braten, bis der Käse geschmolzen ist.
3 Den Chicorée waschen, putzen, halbieren, den mittleren Strunk keilförmig herausschneiden und die Hälften in feine Streifen schneiden. Mit dem restlichen Öl und dem Essig beträufeln, leicht salzen und pfeffern und zusammen mit dem Fleisch servieren.

Fisch & Meeresfrüchte

Fisch sollte Ihrer Gesundheit zuliebe mindestens ein- bis zweimal wöchentlich auf Ihrem Speiseplan stehen, da er reichlich Eiweiß und besonders viele wertvolle Omega-3-Fettsäuren enthält.

Roter Heringssalat auf Radicchio

♦ Kohlenhydrate | Zubereitungszeit: 10 Min. | Für 2 Personen

Zutaten
1 Radicchio
300 g roter Heringssalat
(aus dem Kühlregal)
2 Scheiben Schwarzbrot

1 Vom Salat die einzelnen Blätter abzupfen, waschen und gut abtropfen lassen. Anschließend dekorativ auf einer Platte anrichten.
2 Den Heringssalat in die Mitte geben und zusammen mit dem Schwarzbrot servieren.

Rotbarsch mit Zucchiniragout

♦ Eiweiß | Zubereitungszeit: 20 Min. Für 2 Personen

Zutaten
350 g Zucchini
2 EL Olivenöl
300 g Tomatenstücke (Konserve)
1–2 Knoblauchzehen, ungeschält
Pfeffer, Meersalz
1 TL Sambal Oelek
2 EL Sahne
400 g Rotbarsch- oder Kabeljaufilet
2 Zitronenscheiben

1 Zucchini putzen, waschen und in Würfel schneiden. Das Gemüse in einer Pfanne mit der Hälfte des Öls unter Wenden scharf anbraten.
2 Tomatenstücke und Knoblauchzehen unterrühren, mit Pfeffer, Salz und Sambal Oelek würzen und alles etwa 10 Minuten dünsten. Das Ragout mit der Sahne verfeinern.
3 Den Fisch waschen, trocken tupfen und mit Pfeffer und Salz würzen.
4 Den Fisch in einer Pfanne mit dem restlichen Öl von beiden Seiten je 4 bis 5 Minuten braten. Den Fisch mit dem Gemüse anrichten und mit den Zitronenscheiben garnieren.

Scholle in Orangensauce mit Gurkensalat

♦ Eiweiß | Zubereitungszeit: 20 Min.
Für 2 Personen

Zutaten
1 Salatgurke
Meersalz
2 EL Essig
5 EL Sojacreme
1 EL Zwiebelwürfel (TK)
Pfeffer
2 EL gehackter Dill (TK)
2 Schollenfilets à 200 g
1 EL Öl , 80 ml Orangensaft

1 Die Gurke schälen und in feine Scheiben hobeln. Leicht salzen, kurz stehen lassen, dann ausdrücken.

2 Den Essig mit 5 Esslöffeln Wasser und 2 Esslöffeln Sojacreme mischen. Die Zwiebelwürfel und die Gurkenscheiben dazugeben, mit Pfeffer, Salz und Dill würzen.

3 Den Fisch waschen, trocken tupfen, mit Pfeffer und Salz würzen, dann in einer Pfanne mit dem Öl von beiden Seiten je 3 bis 4 Minuten braten.

4 Den Fisch zur Seite schieben, Orangensaft und restliche Sojacreme einrühren. Alles kurz aufkochen lassen und die Sauce mit Pfeffer und Salz abschmecken. Zusammen mit dem Gurkensalat servieren.

Dorade mit Roter Bete und Meerrettich

♦ Eiweiß | Zubereitungszeit: 10 Min
Garzeit: 20 Min. | Für 2 Personen

Zutaten
2 Doraden
2 EL Zitronensaft
Meersalz
je 2 TL Oregano, Thymian
und Rosmarin
2 EL Öl
4 Knollen Rote Bete (Vakuumpackung)
2 EL Essig
Pfeffer
2 TL Meerrettich (Glas)
Außerdem:
Alufolie (extra stark)

1 Den gesäuberten Fisch mit dem Zitronensaft beträufeln und mit Salz und den Kräutern würzen.

2 Zwei große Stücke Alufolie mit je 1 Teelöffel Öl bepinseln und die Fische darin einwickeln. Die Folie verschließen und alles im Backofen bei 200 °C in etwa 20 Minuten backen.

3 Die Rote Bete in dünne Scheiben schneiden. Mit Essig, dem restlichen Öl, Pfeffer und Meersalz marinieren. Die Fische aus der Folie nehmen, häuten und entgräten. Zusammen mit der Roten Bete und dem Meerrettich servieren.

Fischfilet in Kokossauce

♦ Eiweiß | Zubereitungszeit: 20 Min.
Für 2 Personen

Zutaten
2 Fischfilets à 180 g, z. B. Wolfsbarsch,
Kabeljau oder Sankt Petersfisch (TK)
700 g Romanesco (TK)
Meersalz
3 EL gehackte Zwiebeln (TK)
1 EL Öl
200 ml Kokosmilch (Konserve)
1 TL Gemüsebrühe (instant)
1 TL Curry
1 Msp. Cayennepfeffer

1 Die Fischfilets auftauen lassen, danach kurz abwaschen und trocken tupfen.
2 Romanesco in Salzwasser nach Packungsangaben garen.
3 Die Zwiebeln in einer Pfanne mit dem Öl kurz dünsten. Mit der Kokosmilch ablöschen und mit Gemüsebrühe, Curry und Cayennepfeffer würzen. Die Sauce einmal aufkochen lassen, dann die Hitze reduzieren.
4 Die Fischfilets in die Sauce legen und in etwa 8 Minuten gar ziehen lassen. Zwischendurch wenden.
5 Das Gemüse aus dem Wasser nehmen und zusammen mit dem Fisch und der Sauce servieren.

Peperonata mit Meeresfrüchten

♦ Eiweiß | Zubereitungszeit: 20 Min.
Für 2 Personen

Zutaten
350 g gemischte Meeresfrüchte (TK)
2 EL Zwiebelwürfel (TK)
2 EL Olivenöl
350 g Paprikastreifen (TK)
400 g Tomatenwürfel (Konserve)
Meersalz
50 ml Gemüsebrühe
1–2 Knoblauchzehen
einige Blättchen Basilikum

1 Die Meeresfrüchte im Kühlschrank auftauen, kurz abspülen und abtropfen lassen.
2 Die Zwiebelwürfel in einer Kasserolle mit 1 Esslöffel Öl glasig dünsten. Paprikastreifen dazugeben und kurz mitschmoren lassen. Die Tomatenwürfel dazugeben und alles mit Salz abschmecken. Die Brühe zugießen und zugedeckt 10 Minuten leise kochen lassen.
3 Den Knoblauch abziehen und grob hacken. In einer Pfanne das restliche Öl erhitzen. Knoblauch und Meeresfrüchte dazugeben und unter Wenden 3 bis 4 Minuten scharf braten. Mit Salz würzen. Peperonata mit dem Basilikum garnieren und zusammen mit den Meeresfrüchten servieren.

Scholle mit Spargel und Meerrettichsauce

♦ Eiweiß | Zubereitungszeit: 20 Min.
  Für 2 Personen

Zutaten
Meersalz
700 g weißer Stangenspargel (TK)
2 EL Crème fraîche
125 g griechischer Joghurt
2 TL Meerrettich (Glas)
2 EL Zitronensaft
Kräutersalz
2 EL gehackter Dill (TK)
2 Schollenfilets à 180 g
Pfeffer
1 EL Butter

1 Leicht gesalzenes Wasser in einem Topf zum Kochen bringen und den Stangenspargel nach Packungsanleitung zubereiten.
2 Crème fraîche, Joghurt, Meerrettich, Zitronensaft und Kräutersalz miteinander verrühren. Die Sauce mit dem Dill mischen.
3 Den Fisch waschen, trocken tupfen, mit Pfeffer und Salz würzen, dann in einer Pfanne mit der Butter von beiden Seiten je 3 bis 4 Minuten braten.
4 Den Spargel aus dem Wasser nehmen und gut abtropfen lassen. Zusammen mit dem Fisch und der Sauce servieren.

Fischfilet mit Rosenkohl und Kräuterbutter

♦ Eiweiß | Zubereitungszeit: 15 Min.
  Für 2 Personen

Zutaten
600 g Rosenkohl (TK)
Meersalz
400 g Fischfilet, z. B. Scholle, Kabeljau, Rotbarsch
Pfeffer
1 EL Öl
2 EL Kräuterbutter

1 Den Rosenkohl in leicht gesalzenem kochendem Wasser nach Packungsangaben bissfest garen.
2 Den Fisch waschen, trocken tupfen, eventuelle Gräten entfernen, dann mit Pfeffer und Salz würzen.
3 Das Öl in einer beschichteten Pfanne erhitzen und den Fisch darin bei mittlerer Hitze von jeder Seite 4 bis 6 Minuten braten. Den Rosenkohl aus dem Wasser nehmen. Zusammen mit dem Fisch und der Kräuterbutter servieren.

Gebratene Forelle mit Kaiserschoten

Gebratene Forelle mit Kaiserschoten

♦ Eiweiß | Zubereitungszeit: 20 Min.
Für 2 Personen

Zutaten
2 küchenfertige Forellen
Pfeffer
Meersalz
1 kleines Ei
3 EL fein gemahlene Mandeln
2 EL Öl
600 g Kaiserschoten
2 EL Butter

1 Den Fisch kurz abwaschen, mit Küchenpapier abtrocknen und mit Pfeffer und Salz würzen. Das Ei verquirlen. Den Fisch erst im Ei, dann im Mandelmehl wenden.

2 Das Öl in einer Pfanne erhitzen und den Fisch darin von beiden Seiten je 6 bis 8 Minuten sanft braten.

3 Die Kaiserschoten in kochendes Salzwasser geben, aufkochen lassen und einige Minuten darin ziehen lassen. Anschließend in einem Sieb abgießen.

4 Die Butter in einer kleinen Pfanne aufschäumen und sofort über das Gemüse geben. Das Gemüse zusammen mit dem Fisch servieren.

Tipp: Servieren Sie den Fisch mit etwas Dill und Zitrone.

Bratfisch mit italienischem Pfannengemüse

♦ Eiweiß | Zubereitungszeit: 20 Min.
Für 2 Personen

Zutaten
400 g Fischfilet, z.B. Schollenfilet, Rotbarsch oder Seezunge
Meersalz
Pfeffer
1 kleines Ei
2 EL Sesam
1 1/2 EL Öl
600 g italienisches Pfannengemüse (TK)
1–2 TL Gemüsebrühe (instant)
2 EL Crème fraîche

1 Den Fisch waschen, mit Küchenpapier abtrocknen, salzen und pfeffern. Das Ei verquirlen. Den Fisch erst im Ei, dann im Sesam wenden.

2 Das Öl in einer Pfanne erhitzen und den Fisch darin von beiden Seiten je 5 bis 6 Minuten sanft braten.

3 Das Gemüse nach Packungsanweisung in einer Pfanne erhitzen. Mit der Gemüsebrühe und Pfeffer abschmecken und nach Belieben mit Crème fraîche verfeinern.

4 Das Gemüse zusammen mit dem Fisch servieren.

Gegrillte Lachssteaks mit Dill-Knoblauch-Butter

♦ Eiweiß | Zubereitungszeit: 20 Min.
Für 2 Personen

Zutaten

2 Lachssteaks à 200 g
2 EL weiche Butter
Meersalz
1 EL gehackter Dill (TK)
1 kleine Knoblauchzehe, fein zerdrückt
2 Scheiben Zitrone

1 Die Lachssteaks kurz mit Wasser abspülen und trocken tupfen. Die Butter mit Salz, Dill und Knoblauch mischen.
2 Eine Alufolie auf den Grillrost legen. Die Lachssteaks darauflegen und mit der Hälfte der gewürzten Butter bestreichen. Den Fisch 6 bis 8 Minuten grillen, dann umdrehen, mit der restlichen Butter bepinseln und nochmals 6 bis 8 Minuten grillen.
3 Den Fisch mit den Zitronenscheiben garniert servieren.

Tipp: Essen Sie dazu Salat oder Gemüse aus der neutralen Sparte (siehe Seiten 32 bis 37).

Gedünsteter Lachs mit Endivien und Sauerrahmsauce

♦ Eiweiß | Zubereitungszeit: 20 Min.
Für 2 Personen

Zutaten

400 g Lachsfilet
Meersalz
1 Endiviensalat
100 ml Gemüsebrühe
1 TL Zitronensaft
Kräutersalz
4 EL Sauerrahm
1 EL gehackter Dill (TK)

1 Den Lachs kurz waschen, trocken tupfen und salzen. Die Außenblätter vom Endiviensalat säubern, in grobe Stücke schneiden, dann in eine Pfanne legen. Die Brühe dazugießen, und das Fischfilet auf die Salatblätter legen. Die Pfanne schließen, und den Fisch bei geringer Hitze in 10 bis 12 Minuten garen.
2 Den restlichen Salat putzen, waschen, abtropfen lassen und in schmale Streifen schneiden.
3 Für die Sauce den Zitronensaft mit 2 Esslöffeln Wasser, Salz und Sauerrahm kräftig verschlagen und den gehackten Dill unterrühren. Den Fisch aus der Pfanne heben und zusammen mit dem frischen Salat und der Sauce servieren.

Schwertfisch in Knoblauch mit Salatherzen

♦ Eiweiß | Zubereitungszeit: 15 Min.
  Für 2 Personen

Zutaten
2 Scheiben Schwertfisch à 200 g
Pfeffer
Meersalz
1–2 Knoblauchzehen
2 EL Olivenöl
4 Salatherzen
1 EL weißer Balsamico-Essig

1 Den Fisch waschen und trocken tupfen. Mit Pfeffer und Salz würzen. Den Knoblauch abziehen, die mittleren Keime entfernen, dann die Zehen fein hacken.
2 Einen Esslöffel Olivenöl in einer Pfanne erhitzen. Knoblauch und Fisch darin von beiden Seiten je 3 bis 4 Minuten braten.
3 Die Salatherzen der Länge nach vierteln, waschen und abtropfen lassen. Den Salat dekorativ auf einer Platte anrichten, mit dem restlichen Öl und dem Essig beträufeln, leicht salzen und pfeffern und zusammen mit dem Schwertfisch servieren.

Garnelen auf fruchtigem Salat

♦ Eiweiß | Zubereitungszeit: 20 Min.
  Für 2 Personen

Zutaten
1 kleiner Eisbergsalat
1 Salatgurke
2 Orangen
80 ml frisch gepresster Orangensaft
125 g Joghurt
Cayennepfeffer
Kräutersalz
1 EL Öl
250 g küchenfertige Garnelen

1 Den Eisbergsalat vierteln, waschen und in mundgerechte Stücke teilen. Die Gurke schälen und in kleine Würfel schneiden. Die Orangen schälen und das Fruchtfleisch in kleine Stücke schneiden.
2 Salat, Gurkenwürfel und Orangenstücke mischen und auf einer Salatplatte anrichten.
3 Aus dem Orangensaft, Joghurt, Cayennepfeffer und Salz eine Sauce rühren und über den Salat gießen.
4 Das Öl in einer Pfanne erhitzen, und die Garnelen darin von jeder Seite 2 Minuten braten. Zusammen mit dem Salat servieren.

Eier & Käse

Auch eiweißhaltige Gerichte mit Eiern und Käse können beim Abnehmen helfen, wenn sie mit neutralen Lebensmitteln wie Gemüse oder Salat kombiniert werden.

Blumenkohl mit Eiersauce

◆ Eiweiß | Zubereitungszeit: 15 Min.
Für 2 Personen

Zutaten
700 g Blumenkohl (TK)
4 Eier, 100 g saure Sahne, 200 g Joghurt
1 TL Senf, Kräutersalz
1 Päckchen Salatkräuter (TK)

1 Den tiefgekühlten Blumenkohl nach Packungsanweisung zubereiten.
2 Die Eier hart kochen, pellen und in feine Scheiben schneiden.
3 Die saure Sahne mit dem Joghurt, Senf und Salz gut verrühren. Die Kräuter und Eierscheiben untermischen. Den Blumenkohl aus dem Wasser nehmen und zusammen mit der Sauce anrichten.

Rührreier mit Corned Beef und Rahmspinat

◆ Eiweiß | Zubereitungszeit: 15 Min.
Für 2 Personen

Zutaten
600 g Rahmspinat (TK)
4 Eier
2 EL Milch
2 EL Mineralwasser
Pfeffer
Meersalz
1 TL Öl
1 EL Zwiebelwürfel (TK)
100 g Corned Beef

1 Den Rahmspinat nach Packungsangabe in einen Topf geben und bei schwacher Hitze erst auftauen, dann einmal aufkochen lassen.
2 Die Eier mit der Milch und dem Mineralwasser verquirlen. Mit Pfeffer und Salz würzen.
3 Das Öl in einer Pfanne erhitzen und die Zwiebelwürfel darin bei schwacher Hitze glasig werden lassen. Das Corned Beef dazugeben.
4 Die verquirlten Eier darübergießen und stocken lassen. Die Eiermasse zusammenschieben und zu einem Rührei fertig backen. Zusammen mit dem Rahmspinat servieren.

Eier in Joghurt-Kräuter-Sauce auf Blattsalat

♦ Eiweiß | Zubereitungszeit: 15 Min.
Für 2 Personen

Zutaten
1 Kopfsalat
4 Eier
80 g saure Sahne
180 g Joghurt
3 EL Milch
2 TL Senf
Pfeffer
Kräutersalz
1 Päckchen gemischte Kräuter (TK)

1 Den Salat putzen, waschen und in mundgerechte Stücke zupfen.
2 Die Eier hart kochen, mit kaltem Wasser abschrecken, danach pellen und in Scheiben schneiden.
3 Die Sahne mit dem Joghurt, Milch, Senf, Pfeffer und Salz gut verrühren und die Kräuter untermischen. Die Eier mit der Sauce mischen.
4 Den Kopfsalat auf zwei Tellern anrichten und zusammen mit dem Eiersalat servieren.

Pilzomelett

♦ Eiweiß | Zubereitungszeit: 20 Min.
Für 2 Personen

Zutaten
1 EL Zwiebelwürfel (TK)
2 TL Butter
200 g Champignons in Scheiben (TK)
4 große Eier
3 EL Mineralwasser
Pfeffer
Meersalz
3 EL gehackte Petersilie (TK)
2 Tomaten

1 Die Zwiebelwürfel in einer Pfanne mit der Butter glasig dünsten. Die Pilze hinzufügen und alles unter Rühren 5 Minuten schmoren lassen.
2 Die Eier trennen. Das Eigelb in eine Schüssel geben und mit dem Mineralwasser, Pfeffer und Salz schaumig aufschlagen. Die Petersilie unterrühren. Das Eiweiß salzen, steif schlagen und unter das Eigelb heben.
3 Die Eiermasse zu den Pilzen geben. Sobald die Unterseite eine feste Konsistenz hat, das Omelett mit Hilfe eines Deckels wenden und fertig garen. Tomaten waschen, aufschneiden und zusammen mit dem Omelett servieren.

Leipziger Allerlei mit Spiegeleiern

Leipziger Allerlei mit Spiegeleiern

♦ Eiweiß | Zubereitungszeit: 20 Min.
Für 2 Personen

Zutaten
700 g Leipziger Allerlei (TK)
Meersalz
2 TL Öl
4 Eier
Pfeffer
2 EL Butter

1 Das Gemüse in leicht gesalzenem kochendem Wasser nach Packungs-angaben bissfest garen.
2 Das Öl in einer Pfanne erhitzen, die Eier aufschlagen und als Spiegeleier braten. Mit Pfeffer und Salz leicht würzen.
3 Das Gemüse aus dem Wasser nehmen und gut abtropfen lassen. Die Butter in einer Pfanne schmelzen lassen, leicht bräunen und über das Gemüse gießen. Das Leipziger Allerlei zusammen mit den Spiegeleiern servieren.

Tipp: Ganze Eier zählen zur Eiweißsparte, das Eigelb selbst ist neutral. Es hat zwar einen höheren Eiweißgehalt als das Eiklar, gleichzeitig aber auch einen höheren Fettgehalt. Daher zählt das Eigelb zur neutralen Kost.

Käse-Pilz-Frittata

♦ Eiweiß | Zubereitungszeit: 20 Min.
Für 2 Personen

Zutaten
1 EL Öl
2 EL Zwiebelwürfel (TK)
250 g gemischte Waldpilze (TK),
ersatzweise Austernpilze
oder Champignons
4 Eier
2 EL Mineralwasser
60 g geraspelter Greyerzer
Pfeffer, Meersalz
2 Fleischtomaten

1 Das Öl in einer ofenfesten Pfanne erhitzen und die Zwiebelwürfel darin glasig dünsten. Die Pilze dazugeben und bei starker Hitze unter Rühren 5 Minuten braten. Den Backofen auf 180 °C vorheizen.
2 Die Eier mit dem Mineralwasser ver-quirlen und den Käse unterrühren. Alles mit Pfeffer und Salz würzen. Die Eier über die Pilze gießen. Die Pfanne in den Ofen stellen und die Eiermasse stocken lassen.
3 Die Tomaten waschen, von den Stiel-ansätzen befreien und in grobe Stücke schneiden. Frittata aus dem Ofen neh-men, in Stücke schneiden und zusam-men mit den Tomaten servieren.

Desserts & Süßes

Auch auf eine gelegentliche leckere Süßspeise müssen Sie nicht verzichten. Zur Gewichtsabnahme ist es jedoch besser, diese nicht nach einer Hauptmahlzeit zu essen, sondern als Zwischensnack zu genießen.

Himbeerquark

♦ Eiweiß | Zubereitungszeit: 5 Min.
Für 2 Personen

Zutaten

200 g Himbeeren (TK)
250 g Quark (20 % Fett i. Tr.)
1 EL Zitronensaft
10 Tropfen Stevia (siehe Seite 83) oder
1 EL flüssiger Honig

1 Die Himbeeren leicht antauen lassen und mit einer Gabel grob zerdrücken. Einige Beeren beiseitelegen.
2 Den Quark mit Zitronensaft und Stevia bzw. Honig cremig verrühren. Die zerdrückten Himbeeren unterrühren und in Dessertschälchen geben. Mit den restlichen Himbeeren garnieren.

Beerengrütze

♦ Eiweiß | Zubereitungszeit: 15 Min.
Für 2 Personen

Zutaten

250 g gemischte tiefgefrorene Beeren,
z. B. Himbeeren, Brombeeren, Erdbeeren
10 Tropfen Stevia (siehe Seite 83)
oder 1 EL Honig
1 kleine Zimtstange
3 Nelken
1 Stück Zitronenschale einer unbehandelten Zitrone
2–3 Messlöffel pflanzliches Bindemittel,
z. B. Biobin, aus dem Reformhaus

1 Die Beeren in einen Topf geben und mit Wasser bedecken. Stevia bzw. Honig, Zimtstange, Nelken und Zitronenschale dazugeben und einmal kurz aufkochen lassen.
2 Das Bindemittel einrühren und alles ohne Deckel 2 bis 3 Minuten leise kochen lassen. Die Grütze von der Kochstelle nehmen, Zimtstange, Nelken und Zitronenschale entfernen. Die Beerengrütze abkühlen lassen und kalt servieren.

Gebratene Apfelspalten mit Hüttenkäse

♦ Eiweiß | Zubereitungszeit: 10 Min. Für 2 Personen

Zutaten
1 großer knackiger Apfel
2 TL Butter
1 TL Zimtpulver
200 g Hüttenkäse

1 Den Apfel waschen, schälen, vierteln, entkernen und in schmale Spalten schneiden. Die Butter in einer Pfanne schmelzen lassen und die Apfelspalten darin braten. Mit dem Zimt bestäuben.
2 Die Apfelspalten zusammen mit dem Hüttenkäse servieren.

Tipp: Der frische, saftige Apfel enthält noch sehr viel Fruchtsäure und zählt darum zur Eiweißverdauung. Ein mürber, etwas runzelig gewordener Apfel hat diese Fruchtsäure verloren. Er bildet durch den leichten Trocknungsprozess Kohlenhydrate und zählt nun zu den Kohlenhydraten. Die Sorten spielen dabei keine Rolle.

Dattel-Nuss-Dessert

♦ Kohlenhydrate | Zubereitungszeit: 10 Min. | Für 2 Personen

Zutaten
12 Datteln
4 Walnüsse
250 g Joghurt
4 EL geschlagene Sahne

1 Die Datteln entkernen und in kleine Stücke schneiden. Die Walnüsse grob hacken.
2 Joghurt mit der Sahne mischen und die Datteln unterrühren. Mit den Walnüssen bestreut servieren.

Tipp: Die Dattel mit ihrer leicht blutdrucksenkenden und gleichzeitig nervenberuhigenden Wirkung ist äußerst reich an Eisen, Kalzium, Kalium und an seltenen B-Vitaminen. Die Walnuss enthält viele herzgesunde Omega-3-Fettsäuren, Zink, Eisen, Magnesium und hilft bei Konzentrationsschwächen. Ein idealer Snack, um neue Energie zu tanken!

Joghurt-Orangen-Speise

♦ Eiweiß | Zubereitungszeit: 15 Min.
Für 2 Personen

Zutaten
2 große Orangen
1 EL flüssiger Honig
200 g Joghurt
2 TL Zimtpulver

1 Die Orangen schälen und in kleine Stücke schneiden. Die Fruchtstücke in eine Schüssel geben, mit der Hälfte des Honigs beträufeln und 10 Minuten Saft ziehen lassen.
2 Joghurt mit dem restlichen Honig süßen. Die Orangenstücke zusammen mit dem Joghurt servieren und mit dem Zimt bestreuen.

Tipp: Joghurt oder andere gesäuerte Milchprodukte sind zwar eiweißreich, werden aber in der Trennkost der neutralen Gruppe zugeordnet. Der Grund hierfür liegt im Säuerungsprozess – herbeigeführt durch die Milchsäurebakterien. Diese verändern durch die Säuerung die Struktur der schwerverdaulichen Milch, flocken diese auf und machen sie leichter verdaulich. Der Fettgehalt spielt dabei keine Rolle.

Quarkcreme mit Karambole

♦ Eiweiß | Zubereitungszeit: 10 Min.
Für 2 Personen

Zutaten
2 reife Karambolen
100 g Quark
150 g Joghurt
2 EL Ahornsirup
2 EL Limettensaft

1 Die reifen Karambolen waschen. Zwei schöne Scheiben aus der Mitte schneiden, und den Rest in kleine Würfel schneiden.
2 Den Quark zusammen mit dem Joghurt, Ahornsirup und Limettensaft cremig verrühren. Die Fruchtstückchen unterrühren, in zwei Dessertschalen geben und mit den Karambolenscheiben garniert servieren.

Tipp: Karambolen sind gelbe bis bernsteinfarbene Früchte, die aufgeschnitten sternförmig aussehen. Sie haben ein sehr saftiges, aromatisch-säuerliches Fruchtfleisch und enthalten viel Vitamin C. Man isst sie komplett mit Haut und Kernen.

Himbeer-Soja-Shake

♦ Eiweiß | Zubereitungszeit: 5 Min.
Für 2 Personen

Zutaten
150 g Himbeeren (TK)
10 Tropfen Stevia (siehe rechte Spalte)
oder 2 TL Honig
300 ml Sojamilch
4 Minzeblättchen

1 Die Himbeeren unaufgetaut in ein
  hohes Gefäß geben. Zusammen mit
  dem Stevia bzw. Honig und der Sojamilch pürieren.
2 Den Shake in zwei Gläser geben und
  mit den Minzeblättchen garnieren.

Tipp: Soja und Tofu sind cholesterinfrei,
reich an Mineralstoffen (Kalzium, Kalium, Selen, Eisen), an Folsäure, Caroti-
nen und Flavonen und können, da sie
alkalisierend wirken, einen gestörten
Säure-Basen-Haushalt ausgleichen.
Tofu, Soja und Sojamilch zählten bisher
zu den Eiweißen, aber nach den neuesten Erkenntnissen gehören sie in die
Spalte der Neutralen.

Bananen-Ingwer-Cocktail

♦ Kohlenhydrate | Zubereitungszeit:
10 Min. | Für 2 Personen

Zutaten
1 kleiner mürber Apfel
1 Banane, 1 Stück Ingwer
einige Tropfen flüssiges Stevia (siehe
unten) oder 2 TL Honig
300 ml Kefir
1 TL Zimtpulver

1 Den Apfel waschen, vierteln, entkernen und in Stücke schneiden. Die
  Banane schälen und in Stücke teilen.
  Den Ingwer schälen und grob würfeln.
2 Apfel, Banane, Ingwer und Stevia bzw.
  Honig zusammen mit dem Kefir
  pürieren. Anschließend in Gläser füllen
  und mit dem Zimt bestäuben.

Tipp: Stevia (Süßkraut) ist eine Pflanze
aus Südamerika mit einer enormen
Süße. (300fache Süßkraft von raffinier-
tem Zucker). Die Extrakte der Pflanze
sind kalorien- und kohlenhydratfrei und
ohne toxische Nebenwirkungen. Stevia
gibt es flüssig oder als Pulver. Erhältlich ist es im Reformhaus oder Bioladen
bei den Kosmetikartikeln, da es in der
EU noch nicht als Lebensmittel zugelas-
sen ist. Info unter: www.trennkost.de.

Erdbeer-Kefir-Speise

Erdbeer-Kefir-Speise

♦ Eiweiß | Zubereitungszeit: 15 Min.
Kühlzeit: 2–3 Std. | Für 2 Personen

Zutaten

3 Blatt weiße Gelatine
150 g Erdbeeren
300 g Kefir
1 Msp. Stevia (siehe Seite 83)
oder 2 EL Honig

1 Die Gelatine in kaltem Wasser 5 Minuten einweichen.
2 Die Erdbeeren putzen, waschen und
mit dem Mixstab fein pürieren. Zwei
Erdbeeren für die Garnitur beiseitelegen. Das Erdbeerpüree mit dem
Kefir und Stevia vermischen.
3 Die Gelatine ausdrücken, in einem
kleinen Topf erhitzen, dann tropfen-
weise unter die Kefirmasse rühren.
In Dessertgläser füllen und für 2 bis
3 Stunden kalt stellen. Mit den frischen
Erdbeeren garnieren.

Tipp: Erdbeeren sind ideale Schlankma-
cher. Ihr hoher Anteil an Kalium wirkt
harntreibend und stoffwechselanre-
gend. Erdbeeren sollten immer ganz
frisch oder im gefrorenen Zustand verwendet werden, denn schon kurz nach
der Ernte verlieren diese Früchte einen
Großteil ihrer Vitamine.

Erdbeereis

♦ Eiweiß | Zubereitungszeit: 5 Min.
Für 2 Personen

Zutaten

300 g Erdbeeren (TK)
10 Tropfen Stevia (siehe Seite 83)
oder 1 EL Honig
4 EL geschlagene Sahne

1 Die gefrosteten Erdbeeren leicht antau-
en lassen und in einen Mixer geben.
2 Stevia oder Honig und die Sahne dazugeben und bei höchster Stufe 1 bis
2 Minuten pürieren. Das Fruchteis in
Dessertschalen geben, sofort servieren.

Tipp: Sie können die gefrorenen Erdbeeren auch gut mit frischer Milch, Kefir,
Trinksauermilch oder Sojamilch pürieren. Leicht gesüßt mit Stevia oder
Honig schmecken diese Shakes unver-
gleichlich erfrischend.

Joghurt-Bananen-Sorbet

♦ Kohlenhydrate | Zubereitungszeit:
5 Min. | Gefrierzeit: 2 Std.
Für 2 Personen

Zutaten
2 reife Bananen
1 EL flüssiger Honig
125 g griechischer Joghurt
2 TL dunkle Schokoraspel

1 Die Bananen schälen, in einen Gefrier-
beutel geben und für etwa 2 Stunden
frosten.
2 Anschließend in grobe Stücke brechen
und zusammen mit dem Honig und
Joghurt mit dem Mixstab pürieren.
3 Das Bananensorbet in Dessertgläser
füllen, mit den Schokoraspeln garnieren und sofort servieren.

Tipp: Bevor Bananen braun werden und
endgültig verderben, sollten Sie diese
rechtzeitig einfrieren. So haben Sie
immer einen kleinen Vorrat für einen
schnellen süßen Snack. Auch ein Bana-
nengetränk aus gefrorenen, leicht
angetauten Bananen, püriert mit Sojamilch oder Kefir, schmeckt köstlich und
macht gute Laune.

Gebratene Bananen mit Sojacreme

♦ Kohlenhydrate | Zubereitungszeit:
10 Min. | Für 2 Personen

Zutaten
1 EL gehackte Mandeln
1 TL Butter
2 Bananen
2 EL Sojacreme
2 TL flüssiger Honig

1 Die Mandeln in einer beschichteten
Pfanne ohne Fett kurz rösten, dann
aus der Pfanne nehmen und beiseite
stellen.
2 Die Butter in der Pfanne schmelzen
lassen, die geschälten Bananen hinein-
legen und von beiden Seiten hellbraun
braten.
3 Die Bananen zusammen mit der Sojacreme auf Dessertteller geben, mit dem
Honig beträufeln und mit den gehackten Mandeln bestreut servieren.

Tipp: Bananen machen gute Laune! Die
leichtverdaulichen Kohlenhydrate
bewirken, dass im Gehirn mehr vom
»Glückshormon« Serotonin gebildet
wird. Bananen helfen zudem, Blutfette
zu normalisieren, und schützen infolge
ihres hohen Kalium- und Magnesium-
gehalts Herz und Gefäße.

Hirsepudding mit Heidelbeeren

♦ Kohlenhydrate | Zubereitungszeit:
15 Min. | Für 2 Personen

Zutaten

75 g fein gemahlene Hirse
50 g Sojacreme
1 Msp. Meersalz
2 EL flüssiger Honig
200 g Heidelbeeren (TK)

1 Die Hirse mit 300 Millilitern Wasser in einem Topf mischen und unter Rühren zum Kochen bringen. Anschließend den Kochtopf vom Herd nehmen, die Hirse kurze Zeit ausquellen lassen.
2 Die Sojacreme, Salz und die Hälfte des Honigs unterrühren.
3 Die Heidelbeeren auftauen lassen, mit dem restlichen Honig süßen, zusammen mit dem Hirsepudding servieren.

Tipp: Dieses Gericht schmeckt auch kalt sehr gut – daher können Sie es auch ausgezeichnet mit an den Arbeitsplatz nehmen! Dabei sollten Sie den Hirsepudding und die Heidelbeeren getrennt voneinander in gut verschließbaren Gefäßen transportieren.

Gefüllte Palatschinken mit Quark und Heidelbeeren

♦ Kohlenhydrate | Zubereitungszeit:
15 Min. | Für 2 Personen

Zutaten

4 leicht gehäufte EL feines
Dinkelvollkornmehl
1 TL Weinstein-Backpulver
100 ml Kokosmilch (Konserve)
1 Eigelb
1 Prise Meersalz
4 TL Öl
4 EL Quark (20 % Fett i. Tr.)
4 EL Heidelbeeren (frisch oder TK)
4 TL Ahornsirup

1 Aus Mehl, Backpulver, Kokosmilch, 80 Milliliter Wasser, Eigelb und Salz einen glatten Teig rühren.
2 1 Teelöffel Öl in einer kleinen beschichteten Pfanne (22 cm Ø) erhitzen. Etwas Teig hineingeben und bei mittlerer Hitze den Palatschinken von jeder Seite 1 bis 2 Minuten backen. Aus dem restlichen Öl und dem übrigen Teig drei weitere Palatschinken backen.
3 Den Quark auf die Palatschinken streichen, die Heidelbeeren darauf verteilen, mit dem Ahornsirup beträufeln und aufrollen.

Kalte Kirschsuppe

◆ Eiweiß | Zubereitungszeit: 10 Min.
Kühlzeit: 1 Std. | Für 2 Personen

Zutaten
400 g Schattenmorellen (TK)
1 Msp. Stevia (siehe Seite 83)
oder 1 EL Honig
1 Zimtstange
2 Nelken
3–4 Messlöffel pflanzliches Bindemittel,
z. B. Biobin

1 Die Kirschen in einen Topf geben und
mit Wasser bedecken. Stevia bzw.
Honig, Zimtstange und Nelken dazugeben und einmal aufkochen lassen.
2 Die Suppe von der Kochstelle nehmen,
Zimtstange und Nelken entfernen. Das
Bindemittel einrühren und nochmals
kurz aufwallen lassen.
3 Die Kirschsuppe abkühlen lassen und
kalt servieren.

Tipp: Biobin ist ein pflanzliches Bindemittel und wird aus Johannisbrotkernmehl
hergestellt. Es ist erhältlich in Natur-
kostläden und im Reformhaus.

Erfrischende Heidelbeer-Kefir-Suppe

◆ Neutral | Zubereitungszeit: 10 Min.
Für 2 Personen

Zutaten
300 g Heidelbeeren (TK)
1 Msp. Stevia (siehe Seite 83)
oder 1 EL Honig
500 g Kefir

1 Die Heidelbeeren halb auftauen lassen.
Die Beeren gleichmäßig in zwei tiefen
Tellern verteilen und mit einer Gabel
grob zerdrücken. Mit dem Stevia bzw.
Honig süßen.
2 Kefir über die Heidelbeeren gießen
und leicht unterrühren. Kalt servieren.

Tipp: Heidelbeeren sind reich an wertvollen Schutzvitaminen, denen eine vor-
beugende Wirkung gegen Krebs nach-
gesagt wird. Die Inhaltsstoffe dieser
kleinen Früchte sollen außerdem nicht
nur bei Nachtblindheit helfen, sondern
auch bei Magenschmerzen oder plötzli-
chem Durchfall. Der Farbstoff Myrtillin
verleiht den Beeren ihre kräftige blau-
rote Farbe.

Bananenreis
mit Nüssen und Rosinen

♦ Kohlenhydrate | Zubereitungszeit:
10 Min. | Für 2 Personen

Zutaten
1 Banane
1 Tasse gekochter Reis
125 g griechischer Joghurt
2 EL Rosinen
1 EL gehackte Haselnüsse
1 Msp. Stevia (siehe Seite 83)
oder 2 EL Ahornsirup
1 Msp. Kardamom
1 TL Zimtpulver

1 Die Banane schälen und in Scheiben
schneiden.
2 Den Reis mit dem Joghurt mischen.
Bananenscheiben, Rosinen und Nüsse
unterrühren und alles mit Stevia bzw.
Ahornsirup und Kardamom würzen.
Mit dem Zimt bestreut servieren.

Tipp: Sparen Sie Zeit und kochen Sie Reis
in doppelter Menge. Verwenden Sie
einen Teil für ein Hauptgericht, den
Rest für eine Suppe oder ein Dessert.
Reis lässt sich auch sehr gut einfrieren.

Exotischer Fruchtsalat
mit Zimtsahne

♦ Eiweiß | Zubereitungszeit: 10 Min.
Auftauzeit: ca. 1 Std. | Für 2 Personen

Zutaten
400 g exotische Früchte (TK)
75 ml Sahne
1 EL Rum

1 Das Obst auftauen und eventuell etwas
kleiner schneiden.
2 Die Sahne steif schlagen. Den Rum
vorsichtig unterheben.
3 Die Früchte in zwei Dessertschalen
geben und mit der Sahne garnieren.
Leicht gekühlt servieren.

Tipp: Hier eignen sich sehr gut auch fri-
sche Früchte wie z. B. Kiwis, Mangos,
Litschis, Ananas, Mandarinen oder
Orangen.

Mengenplan

Mit Hilfe dieses Plans brauchen Sie keine Kalorien oder Fette mehr zu zählen. Hier sehen Sie, welche Mengen für die Kategorien Frühstück, Hauptgericht oder Snack für eine Person angemessen sind. Einfach und schnell, ohne sich kasteien zu müssen, erreichen Sie mit diesem Plan Ihr Wohlfühlgewicht.

- **Ganz wichtig:** Trinken Sie tagsüber jede Stunde 1 Glas Wasser.

Frühstück

Sie haben die Wahl zwischen einem Obstfrühstück, einem eiweißreichen und einem kohlenhydratreichen Frühstück.

Obstfrühstück

Frisches Obst der Saison in beliebiger Menge.

Beispiele:

Ananas • Erdbeeren • Himbeeren • Brombeeren • Äpfel • Birnen • Pfirsiche • Aprikosen • Kiwis • Kirschen • Mirabellen • Nektarinen (siehe Kombiplan, Seiten 14 bis 17)

- **Hinweis:** Mischen Sie fruchtsäurehaltige Obstsorten nicht mit Bananen, Feigen oder Datteln.

Eiweißreiches Frühstück

2 Eier in jeder Form und Zubereitungsart: gefüllte oder gekochte Eier, Omelett, pochierte Eier, Rühr- oder Spiegeleier

Dazu in beliebiger Menge:
Tomaten, Gurken, Paprikaschoten, Radieschen oder ein anderes Gemüse, aber kein Brot

Kohlenhydratreiches Frühstück

▶ 1 Scheibe Vollkornbrot (50 g) oder 1 Vollkornbrötchen oder 3 Scheiben Vollkornknäckebrot; diese dünn mit Butter bestreichen und mit Folgendem belegen bzw. bestreichen: 30 g Wurst (ca. 3 dünne Scheiben) oder 30 g Käse (ca. 1 Scheibe) oder 50 g Quark (ca. 2 EL).

Dazu in beliebiger Menge:
Tomaten, Gurken, Paprikaschoten, Radieschen oder ein anderes Gemüse

- **Hinweis:** Da es keine hundertprozentige Trennung der Nahrungsmittel gibt, können Sie das Brot mit 30 Gramm Wurst oder Käse nach Wahl belegen. Weitere Ideen für Brotbelag finden Sie im Kombiplan.

▶ 1 Müsli (siehe Rezeptteil)

- **Hinweis:** Getreideflocken oder Müslis nicht mit fruchtsäurehaltigen Obstsorten kombinieren. Auch keine Milch zum Müsli verwenden, da diese in Verbindung mit Kohlenhydraten noch schwerer verdaulich wird. Harmonischer werden Müslis mit kohlenhydratreichen Obstsorten und mit gesäuerten Milchprodukten, einem Sahne-Wasser-Gemisch (1/3 Sahne auf 2/3 Wasser), Reismilch oder Sojamilch.

Wenn Sie auf Ihren Kaffee oder schwarzen Tee nicht verzichten möchten, verfeinern Sie diesen mit etwas Sahne. Zum Süßen bieten sich Stevia, Fruchtzucker oder Agavendicksaft an.
Wichtig: Kauen Sie jeden Bissen sorgfältig. Kaffee oder Tee ist kein Speichelersatz.

Snacks
- 200 g frisches Obst der Saison oder
- Rohkost in beliebiger Menge oder
- 100 g Obst, dazu 1/8 l Milch oder
- 200 g gesäuerte Milchprodukte wie z. B. Kefir, Buttermilch, Trinksauermilch, Joghurt

Mittag- und Abendessen (Hauptgericht)
Sie haben jeweils die Wahl zwischen einer überwiegend eiweißreichen oder kohlenhydratreichen Mahlzeit.

Eiweißreiches Hauptgericht
- 150–200 g Fleisch oder
- 150–200 g Fisch oder
- 2 Eier oder
- 60 g Käse oder
- 100 g gegarte Wurstsorten
Essen Sie dazu 400 g Gemüse oder Salat.

Kohlenhydratreiches Hauptgericht
- 50 g Getreide (roh gewogen) oder
- 60 g Naturreis (roh gewogen) oder
- 90 g Vollkornnudeln (roh gewogen) oder
- 200 g Kartoffeln
Essen Sie dazu 400 g Gemüse oder Salat.

Bedienen Sie sich zusätzlich des großen Kombiplans (Seiten 14 bis 17). Wählen Sie aus der Kombigruppe Teil 1 sparsam und aus der Kombigruppe Teil 2 reichlich aus, was Sie mögen.

- **Hinweis:** Bei der Zusammenstellung der Hauptmahlzeiten gelten folgende Faustregeln:

- Bei einer Eiweißmahlzeit wählen Sie einen Teil Fleisch, Fisch, Käse oder Eier, dazu drei bis vier Teile Gemüse oder Salate.
- Bei einer Kohlenhydratmahlzeit wählen Sie einen Teil Kartoffeln, Naturreis, Getreide oder Nudeln, dazu drei bis vier Teile Gemüse oder Salate.

*Liebe Leserin, lieber Leser, wenn Sie
zu meinem Trennkostprogramm Fra-
gen haben, rufen Sie mich an oder
mailen Sie mir einfach!*

Ihr persönlicher Kontakt zur Autorin

Gut essen – trotzdem Gewicht verlieren, mit Trennkost kein Problem.

Ursula Summ, Bestsellerautorin zahlreicher Trennkostbücher, betreut seit vielen Jahren Gruppen mit Übergewichtigen und entwickelte aus diesen Erfahrungen heraus ein überzeugend einfaches Abnehmprogramm. Mit der Trennkost macht sie begreiflich, dass der Schlüssel zur Gewichtsabnahme nicht im Entsagen liegt, sondern im richtigen Essen. Parallel zu ihren Büchern bietet sie ihren Lesern einen Fernlehrgang zum gesunden Abnehmen an.

Weitere kostenlose Informationen rund um das Abnehmen erhalten Sie bei:
Trennkost-Club Ursula Summ
Buzon N° 356
Calle Patricio Ferrandiz 40
E-03700 Denia/Alicante
Spanien

Tel. (0034) 966 421 120
Fax (0034) 965 784 715

E-Mail: summ@trennkost.de
Homepage: www.trennkost.de

Wie Ursula Summ zur Trennkost kam

Ursula Summ wurde 1947 in Hofheim/Ts. geboren und kam als junge Frau über eigene Probleme mit Gewicht und Gesundheit 1978 zur Hayschen Trennkost. Zum ersten Mal fand sie wirklich Hilfe und begann, diese Ernährung weiterzuentwickeln und ihre Erfahrungen anderen Menschen mitzugeben.

Rezeptregister

Bibliografische Information der Deutschen Nationalbibliothek

Die Deutsche Nationalbibliothek verzeichnet diese Publikation in der Deutschen Nationalbibliografie; detaillierte bibliografische Daten sind im Internet über http://dnb.d-nb.de abrufbar.

© TRIAS Verlag in MVS Medizinverlage Stuttgart GmbH & Co. KG
Oswald-Hesse-Straße 50, 70469 Stuttgart
Alle Rechte vorbehalten.

Wichtiger Hinweis

Projektleitung: Kathrin Gritschneder, Kerstin Schecher
Redaktion: Annette Barth
Bildredaktion: Markus Röleke
Umschlagfoto: Studio Seiffe, Hamburg
Rezeptfotos: Studio Seiffe, Hamburg
Fotos: Norbert Hellinger S. 92; StockFood/Peter Medilek S. 4
Herstellung: Sandra Hacke
Umschlaggestaltung, Layout und Satz: griesbeckdesign, München
Reproduktion: Repro Ludwig, Zell am See
Druck und Bindung: AZ Druck und Datentechnik, Kempten

Printed in Germany

ISBN 978-3-8304-3667-6

5   4   3   2   1